AF509803

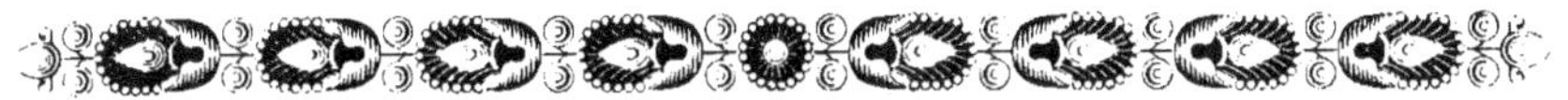

LES MALHEURS
D'UN AMANT HEUREUX,

COMÉDIE-VAUDEVILLE EN DEUX ACTES,

PAR

M. SCRIBE ;

Représentée pour la première fois, à Paris, sur le théâtre du Gymnase Dramatique, le 29 janvier 1833.

DISTRIBUTION DE LA PIÈCE :

M. DE THÉMINE. . . . . M. Paul.
BONNEVAL, propriétaire. . . . . M. Numa.
ÉDOUARD, son fils. . . . . M. Allan.
HENRIETTE, sa fille. . . . . Mlle E. Forgeot.
M. DE TORIGNI, général du département. . M. Ferville.
Mme DE TORIGNI, sa femme. . . . . Mme Allan-Despréaux.
Mme DE SIMIANE, jeune veuve. . . . . Mme L.-Volnys.
Un Domestique de Mme de Simiane. . . . . . M. Bordier.

La scène se passe, au premier acte, dans un château aux environs de Dijon ;
et, au second acte, dans un château de madame de Simiane.

ACTE PREMIER.

Le théâtre représente un grand salon ; porte au fond et portes latérales. — Sur le devant, à gauche de l'acteur, une table.

SCÈNE I.
ÉDOUARD, HENRIETTE *.

HENRIETTE.

Mon bon Édouard, mon cher frère, je te revois donc enfin pour deux mois !

ÉDOUARD.

Oui, je viens passer toutes mes vacances avec toi... chez mon père, dans cette maison où nous avons été élevés, et qui me rappelle de si doux souvenirs.

HENRIETTE.

Te voilà revenu ! le bonheur aussi ! nous allons recommencer nos promenades, nos lectures ; tu verras comme j'ai arrangé ton appartement... Tes livres de droit... ton herbier... tes pinceaux, tu retrouveras tout ce que tu aimais...

ÉDOUARD, lui prenant la main.

C'est déja fait !...

HENRIETTE.

Mon bon frère !... comme je vais te soigner... te donner de bons petits repas... car, depuis la mort de notre pauvre mère, c'est moi qui suis à la tête de la maison, et mon père dit que je ne m'en tire pas trop mal...

ÉDOUARD.

Tu es bien modeste !... il m'écrit que tu es un ange ; que, grace à ton ordre, l'économie et l'opulence régnent dans son petit domaine, et qu'avec sa modique fortune, il se croit un richard.

HENRIETTE.

En province, il est si aisé d'être riche à peu de frais... et puis, te voilà avocat, tu ne lui coûtes plus rien, au contraire... tu commences à plaider, à gagner quelque argent !...

ÉDOUARD.

C'est si peu de chose !... et depuis dix ans que mon père se gêne pour m'élever à Paris.

Air de Voltaire chez Ninon.

Ses bontés, dès mes jeunes ans.

---

* Les acteurs sont placés en tête de chaque scène comme ils doivent l'être au théâtre ; le premier inscrit tient la gauche du spectateur, ainsi de suite.

Des succès m'ont ouvert la route !
Ah ! quand rendrai-je à nos parents
L'or et les soins que je leur coûte ?
Et lorsqu'avide de renom,
Je rêve honneur, gloire, opulence ;
Ce n'est point par ambition,
Ce n'est que par reconnaissance.

HENRIETTE.

Cela viendra ! j'en suis sûre... ce n'est pas
cela qui m'inquiète... c'est autre chose !....

ÉDOUARD.

Eh quoi donc ?..

HENRIETTE.

La tristesse qui règne dans tes lettres...

ÉDOUARD.

Quelle idée !...

HENRIETTE.

Non vraiment... et la dernière encore que
j'ai reçue de toi, et que j'ai là... (*Prenant une
lettre dans sa poche.*) Non, ce n'est pas elle...
(*elle la remet*) c'est de madame de Simiane, une
ancienne amie, une comtesse !...

ÉDOUARD, avec émotion.

Madame de Simiane !... tu es donc toujours
bien liée avec elle !...

HENRIETTE.

Autrefois... à la pension, c'était pour moi
une sœur... une sœur aînée ! mais depuis,
tant d'événements nous ont séparées... elle a
fait un beau mariage ; et puis, elle est deve-
nue veuve... et puis, elle habite Paris... je ne
la vois plus... mais je l'aime toujours.

ÉDOUARD.

Je le crois bien ! elle est si bonne... si aimable... et, je le vois maintenant, c'est à l'a-
mitié qu'elle a pour toi, que j'ai dû celle
qu'elle m'a témoignée cet hiver à Paris...

HENRIETTE.

Oui, oui, tu cherches à changer la conversation... il ne s'agit pas d'elle... mais de toi...
Voyons, regarde-moi... si je n'ai pas perdu
l'habitude de lire dans tes yeux... comme toi
dans les miens... quoique tu ne m'aies rien
dit... il me semble que tu as un secret...

ÉDOUARD.

C'est vrai !...

HENRIETTE, avec expansion.

Eh bien alors !... tu dois avoir besoin de me
le confier...

ÉDOUARD.

Tu as raison... je suis bien malheureux...
malheureux de mon obscurité, car j'aime une
personne à qui sa position dans le monde,
son rang et sa fortune ne me permettent pas
d'aspirer... madame de Simiane dont tu me
parlais tout-à-l'heure.

HENRIETTE.

Est-ce qu'elle te repousserait ?...

ÉDOUARD.

Jamais je ne lui ai dit que je l'aimais... je
n'ai pas osé...

HENRIETTE.

Et pourquoi donc ?... n'as-tu pas gagné
pour elle un procès considérable ?... Quand
on a du mérite, il faut être hardi... et si j'é-
tais à ta place...

ÉDOUARD.

Ah ! ma pauvre sœur... tu n'as jamais aimé...

HENRIETTE.

Qu'en sais-tu ? Nous autres jeunes filles,
nous avons toujours au fond du cœur une
pensée... un commencement de tendresse
pour quelqu'un, dont les brillantes qualités
n'existent souvent que dans notre imagination !... rêves de jeunesse, qui rarement se
réalisent ! mais qu'importe ? ce sont dans la
vie quelques semaines... quelques jours de
bonheur... c'est toujours cela de sauvé !

AIR du vaudeville du Colonel.

Que mon exemple ici te gagne,
Par l'avenir charmons les jours présents !
Lorsqu'on bâtit des châteaux en Espagne,
On ne saurait les faire trop brillants !
Et quand le sort, trompant ma prévoyance,
Vient de renverser mes plus beaux...

ÉDOUARD.

Que te reste-t-il ?

HENRIETTE.

L'espérance
Pour en élever de nouveaux !

Et voici ceux que je forme pour toi... tu te
feras un beau nom au barreau, tu acquerras
de la fortune... tu l'offriras à madame de Simiane.

ÉDOUARD.

Et quand cela ?...

HENRIETTE.

Écoute donc, il faut le temps... et en attendant que mon inconnu à moi se présente aussi...
ce qui probablement n'arrivera jamais, notre
amitié nous aidera à prendre patience, je re-
doublerai pour toi de soins, de tendresse, et
tous tes chagrins...

ÉDOUARD.

Des chagrins... Ah ! je sens qu'avec toi... il
ne peut y en avoir de durables...

HENRIETTE.

N'est-ce pas ?... cela va déja mieux... Ah !
que je suis contente !

(*Elle l'embrasse.*)

SCÈNE II.

LES PRÉCÉDENTS, BONNEVAL.

BONNEVAL, en dehors.

Il est arrivé !... est-il possible !...

ÉDOUARD, bas.

C'est mon père... ne lui dis rien !...

HENRIETTE.

Sois tranquille... je garderai bien ton secret... il est là, comme le mien !...

BONNEVAL, *entrant par le fond*[1].

Mon cher Édouard... mon cher enfant... j'étais allé au-devant de toi, sur la grande route; en passant par nos vignes qui m'ont paru superbes... à un propriétaire de la Côte-d'Or, c'est tout naturel; et pendant que je m'arrêtais à admirer notre récolte, la diligence où tu étais aura passé!...

HENRIETTE.

Et c'est moi qui l'ai reçu à son arrivée!...

BONNEVAL.

Que je te regarde encore, monsieur l'avocat... car tu es avocat... (*Le montrant à Henriette.*) C'est mon fils, Édouard Bonneval, avocat... Si tu savais quel plaisir j'ai éprouvé la première fois que j'ai vu ton nom dans le journal... C'est pour cela que je me suis abonné à la *Gazette des Tribunaux*... au lieu du *Journal des Connaissances Utiles*... qui me donnait le moyen de détruire les chenilles, et à ta sœur la recette pour la gelée de pommes... Mais je ne le regrette pas... J'oublie tout, quand je vois imprimé en gros caractères : « La cause a été défendue avec succès et avec « le plus grand talent par Me Bonneval... » Ce jour-là, c'est fête à la maison... ta sœur déploie tous ses talents... nous invitons tous nos amis à diner... Ah! c'est un grand bonheur... mais il y en a un que je regretterai toute ma vie... c'est de n'avoir pu assister à ton début, à ta première cause... Hein! comme le cœur devait te battre !

ÉDOUARD.

AIR : Ah! si ma dame me voyait !

Ah! si mon père m'entendait !
Me disais-je, et, par cette idée,
Ma voix soutenue et guidée,
Avec force retentissait !
Un feu tout nouveau m'animait ;
Et quand, ô moment plein de charme !
Un bravo flatteur m'arrivait,
Je me disais, essuyant une larme :
Ah! si mon père l'entendait !

BONNEVAL.

Mon cher Édouard !

ÉDOUARD.

Mon bon père !...

BONNEVAL.

Dis un heureux père... car je le suis, mes enfants... je contemple avec orgueil toutes mes richesses... Toi, Édouard, je suis tranquille sur ton compte... te voilà lancé... tu as plaidé quatre belles causes cette année... cela ne fera qu'augmenter, et ton avenir est certain. Tu feras quelque beau mariage!... mais c'est ta sœur, ma pauvre Henriette! je crains toujours de mourir avant qu'elle n'ait un mari.... aussi je lui en cherche de tous côtés... je lui en avais déjà trouvé deux... mais ils avaient cinquante ans...

[1] Édouard, Bonneval, Henriette.

HENRIETTE.

Et celui que j'ai rêvé est plus jeune que cela !

BONNEVAL.

Un établissement est difficile quand on n'a pas de dot... et elle n'en a pas...

HENRIETTE.

Tant mieux !... je ne vous quitterai pas...

BONNEVAL.

Voilà de ses raisonnements...

AIR du vaudeville de l'Écu de Six Francs.

Ah! mon cher ami, quel dommage
De n'avoir pas de coffre-fort !
Si bonne! si douce et si sage !
Par malheur! elle n'a pas d'or !
Elle n'a rien! mais quel trésor
De vertu, d'honneur, d'innocence !...
Si pareille dot s'estimait
Devant notaire... ce serait
Le plus riche parti de France !
Ma pauvre Henriette serait
Le plus riche parti de France.

ÉDOUARD.

Soyez tranquille, les partis ne manqueront pas... cela me regarde... c'est à moi de songer à sa dot...

HENRIETTE.

Du tout... c'est à toi qu'il faut songer d'abord... As-tu donc déja oublié ce que nous disions tout-à-l'heure...

BONNEVAL.

Quoi !... qu'est-ce que c'est ?...

HENRIETTE.

Quelque chose... qu'il sait bien... enfin c'est un secret...

BONNEVAL.

Ah ! vous avez un secret ?...

HENRIETTE.

Oui, mon père... à nous deux...

BONNEVAL.

C'est différent... ça ne me regarde pas... je vous demande bien pardon... (*A Édouard.*) Mais dis-moi un peu comment il se fait que tu arrives seul... tu m'avais annoncé pour aujourd'hui cet ami intime... dont tu me parles dans toutes tes lettres... M. de Thémine...

HENRIETTE, *avec émotion.*

M. de Thémine... comment! mon frère, il doit venir ici ?...

ÉDOUARD.

Oui... mais pas avec moi... j'arrive de Paris, et lui des eaux de Baguères, où il était allé pour sa santé...

HENRIETTE.

Il serait souffrant ?...

ÉDOUARD.

Ah! cela va mieux, et il m'a promis, en passant, de rester quelques jours avec nous...

BONNEVAL.

A la bonne heure !... un ami à toi sera reçu comme le fils de la maison...

HENRIETTE.

Ah ! certainement, nous ferons de notre mieux... mais un grand seigneur... un élégant tel que lui... se trouvera peut-être bien mal chez nous...

BONNEVAL.

Tu le connais donc aussi ?...

HENRIETTE.

Oui, mon père ; lors de mon voyage à Paris, je l'ai vu deux fois l'hiver dernier chez madame de Simiane, où il allait souvent ; et, quand il a su que j'étais la sœur d'Édouard, son ami de collège, il a été pour moi, pauvre provinciale, d'une bonté et d'une prévenance que je n'oublierai jamais...

BONNEVAL, à Édouard.

Et tu dis qu'il est jeune..... qu'il a un grand nom ?...

ÉDOUARD.

Oui, mon père...

BONNEVAL.

Et qu'il est riche ?...

ÉDOUARD.

Toute sa famille l'est beaucoup... il a des oncles, des cousins, dont lui et son frère doivent hériter un jour... mais, en attendant, il a des affaires fort embrouillées où je tâche de mettre de l'ordre...

BONNEVAL.

Il a donc confiance en toi ?..

ÉDOUARD.

Confiance entière...

BONNEVAL.

Eh bien ! dis donc... si adroitement tu lui vantais les qualités de ta sœur...

HENRIETTE.

Y pensez-vous ?... quelle folie !...

BONNEVAL.

Et pourquoi pas ?... voilà comment se font les mariages... et puis, celui-là est jeune... il n'a pas cinquante ans... tu ne le refuserais pas... Et décidément, mon ami, voilà le gendre qu'il me faut !...

ÉDOUARD.

C'est bien !... c'est bien, mon père... ne parlons pas de cela...

BONNEVAL.

Au contraire, parlons-en...

ÉDOUARD.

Comme vous voudrez... mais il me semble qu'auparavant il faudrait songer à le recevoir de notre mieux... (Passant entre Bonneval et Henriette*.) Et c'est toi, Henriette, que ce soin regarde... vois si son appartement... enfin, va donc... va donc...

HENRIETTE.

Oui, mon frère... (A part.) Je vous demande pourquoi il me renvoie dans ce moment-là !...

(Elle regarde son père comme pour lui demander ce que cela signifie. Bonneval lui fait entendre qu'il n'en sait rien. Elle sort par la porte à droite.)

Bonneval. Édouard. Henriette.

SCÈNE III.
BONNEVAL, ÉDOUARD.

BONNEVAL.

Ah çà, qu'est-ce que cela veut dire ?...

ÉDOUARD.

Qu'il ne faut pas, même en plaisantant, parler devant une sœur d'un sujet pareil... cela pourrait, par rapport au caractère de Thémine, lui donner des idées qui ne seraient pas sans danger...

BONNEVAL.

Pourquoi donc ? est-ce qu'il n'a pas un bon caractère ?...

ÉDOUARD.

Le meilleur enfant du monde.

BONNEVAL.

Est-ce qu'il n'est pas aimable ?...

ÉDOUARD.

Au contraire, il ne l'est que trop... ayant tout ce qu'il faut pour briller dans le monde... Recherché par la jeunesse... aimé des femmes... il a passé sa vie à leur plaire, et il n'y a que trop bien réussi... car de toutes celles à qui il s'est adressé...je crois que pas une ne lui a résisté...

BONNEVAL.

Vraiment !...

ÉDOUARD.

En un mot, c'est ce qu'on appelle un jeune homme à bonnes fortunes... c'est son état, il n'en a pas d'autre...

BONNEVAL.

Ce doit être un état bien amusant...

ÉDOUARD.

Je crois bien, sans cesse au milieu des fêtes, des plaisirs... menant la vie la plus heureuse... et toujours poursuivi par cinq ou six femmes à-la-fois... Du moins voilà comme je l'ai vu, il y a un an, quand je l'ai quitté...

BONNEVAL.

Quel gaillard !...je porte envie à ces gens-là !...

ÉDOUARD.

Vous, mon père !...

BONNEVAL.

Pas maintenant... mais je dis quand j'étais jeune...Oui, mon garçon, autrefois, de mon temps, je rêvais, comme tous les jeunes gens, à des conquêtes et à des bonnes fortunes... et je n'ai jamais pu en obtenir...

ÉDOUARD.

En vérité !...

BONNEVAL.

J'ai toujours joué de malheur...jamais, dans ma vie, je n'ai pu plaire à une seule femme... excepté à ta mère... qui encore m'a épousé sans amour... ce qui ne nous a pas empêchés d'être heureux, de faire bon ménage, et de nous adorer par la suite... Mais c'est égal, il

m'est toujours resté dans mes idées... dans mes
châteaux en Espagne, que l'existence des Lo-
velace, des Valmont devait être ce qu'il y avait
de plus flatteur et de plus agréable au monde...

HENRIETTE, accourant *.

Entendez-vous !... entendez-vous !... une
chaise de poste qui entre dans la cour... le
voilà... c'est lui !...

ÉDOUARD.

C'est Thémine...

BONNEVAL.

Voyez-vous déja quel empressement... quelle
émotion... Restez ici, mademoiselle... restez
ici, près de moi...

SCÈNE IV.

LES PRÉCÉDENTS, M. DE THÉMINE. (Édouard va
au-devant de Thémine, qui s'arrête à la porte, et donne
des ordres à un domestique dont il est accompagné.)

ÉDOUARD.

Mon cher Gustave !...

BONNEVAL, à part, sur le devant du théâtre.

Comment ! c'est là lui... moi, je m'attendais
à quelque chose de... grandiose... mais c'est
un homme comme moi...

ÉDOUARD, à Thémine **.

Je te présente mon père... dont je t'ai si
souvent parlé... Henriette, ma sœur et ma
meilleure amie...

THÉMINE.

Que j'ai déja eu, si je ne me trompe, le
plaisir de voir à Paris, chez madame de Simiane...

HENRIETTE, à part.

Il ne l'a pas oublié !

ÉDOUARD.

C'est là toute ma famille, qui te remercie,
comme moi, d'avoir bien voulu tenir ta pro-
messe...

THÉMINE.

Me remercier du plaisir que je vais avoir !...
c'est trop de bontés...

BONNEVAL.

Ah dam !... vous ne serez pas ici comme
dans vos salons dorés... De pauvres campa-
gnards tels que nous ne peuvent pas vous
offrir des plaisirs bien vifs...

THÉMINE.

AIR du Baiser au Porteur.

Dans votre charmante famille,
 Trop heureux ceux qui sont admis !
Dans votre accueil tant de franchise brille,
Que je me crois déja de vos amis !

BONNEVAL.

On est le mien dès qu'on aime mon fils.

THÉMINE, lui tendant la main.

Touchez donc là !

* Henriette, Bonneval, Édouard.
** Henriette, Bonneval, Édouard, Thémine

ÉDOUARD.

Qu'en dites-vous, mon père ?
N'est-il pas bien ?

BONNEVAL.

J'en conviens sans débat,
Mais c'est tout simple ; et sans peine on doit plaire,
 Lorsque l'on en fait son état !

ÉDOUARD.

Et comment te trouves-tu des eaux ?

THÉMINE.

Pas trop bien... ma poitrine est toujours si
faible...

HENRIETTE, avec intérêt.

Eh quoi ! monsieur, vous souffrez encore ?

THÉMINE.

Depuis que je suis ici, je l'avais presque
oublié... mais en ce moment, la fatigue du
voyage...

ÉDOUARD.

Point de façon... de cérémonies... ne te gêne
pas...

BONNEVAL.

Oui, sans doute... nous vous laissons.

ÉDOUARD.

Depuis plus d'un an que nous sommes sé-
parés, nous avons à causer.

HENRIETTE.

Moi, je vais m'occuper du souper.

THÉMINE.

Non pas, de grace... ne vous dérangez pas
pour moi...

BONNEVAL.

Laissez-la faire... ma fille n'a pas d'autres
qualités que d'être bonne femme de ménage...
il faut bien qu'elle fasse briller son seul mérite...

THÉMINE, la regardant.

Il me semble que mademoiselle en a d'autres
encore... qui parlent d'eux-mêmes...

HENRIETTE.

Vous êtes bien bon !...

BONNEVAL, bas à Édouard.

Ah mon Dieu !... comme il la regarde... ça
me fait peur...

ÉDOUARD.

Rassurez-vous... il est homme d'honneur
avant tout...

BONNEVAL.

C'est égal... (A Henriette qui le regarde.) Elle est
là en contemplation... je crains toujours quelque sympathie... quelque coup de foudre...

ENSEMBLE.

AIR du Galop.

BONNEVAL, ÉDOUARD, HENRIETTE, THÉMINE.

BONNEVAL.

Ma prudence paternelle
Doit ouvrir ici les yeux.
Suivez-moi, mademoiselle,
Laissons-les causer tous deux !

ÉDOUARD.

La prudence paternelle
N'a rien à craindre en ces lieux !
(Montrant sa sœur.)
Sans que l'on veille sur elle,
(Montrant Thémine.)
Je réponds de tous les deux !

HENRIETTE.

Oui, le devoir nous appelle,
Et nous vous laissons tous deux ;
Trop heureuse si mon zèle
Pour vous embellit ces lieux !

THÉMINE.

Du devoir qui vous appelle,
Je blâme les soins fâcheux,
Puisqu'ils vont, mademoiselle,
Vous éloigner de nos yeux !

BONNEVAL, à Henriette.

D'auprès de nous, et pour cause,
Tâchez de ne pas bouger ;
(A part.)
Car elle est là qui s'expose
Sans se douter du danger.

REPRISE DE L'ENSEMBLE.

BONNEVAL, ÉDOUARD, HENRIETTE, THÉMINE.

BONNEVAL.

Ma prudence paternelle, etc.

ÉDOUARD.

La prudence paternelle, etc.

HENRIETTE.

Oui, le devoir nous appelle, etc.

THÉMINE.

Du devoir qui vous appelle, etc.
(Bonneval et Henriette sortent par la droite.)

SCÈNE V.
THÉMINE, ÉDOUARD.

THÉMINE.

Je te fais compliment, mon cher ami... depuis un an, je trouve ta sœur fort embellie... car ce n'était alors qu'une petite fille, une petite pensionnaire... que madame de Simiane affectionnait beaucoup.

ÉDOUARD.

Oui, elle n'est pas mal... Mais un instant, je te demande pour elle une sauvegarde.

THÉMINE.

Par exemple !... la sœur d'un ami... et puis, si tu savais combien je suis revenu de toutes ces idées-là, et combien maintenant je songe peu...

ÉDOUARD.

Est-ce toi que j'entends parler ainsi !... Toi qui depuis l'âge de dix-huit ans ne t'occupes que de plaire aux dames !...

THÉMINE.

Et plût au ciel que je n'y eusse jamais pensé !... et qu'au lieu de perdre mon temps à réussir près d'elles, je me fusse préparé, comme toi, un avenir honorable... un état indépendant...

ÉDOUARD, souriant.

Le tien n'est donc pas aussi bon que je croyais ?...

THÉMINE.

Détestable !...

ÉDOUARD.

Dans toutes les carrières chacun en dit autant, et toi, dans la tienne, tu auras eu, du moins, des plaisirs et du bonheur ?...

THÉMINE.

Jamais !...

ÉDOUARD.

Laisse-moi donc !... Quelque discret que tu sois... je sais à quoi m'en tenir... et je te citerai une foule de femmes auprès de qui tu as été... aussi heureux que possible...

THÉMINE.

Et qu'est-ce que tu entends par être heureux ?...

ÉDOUARD.

J'entends !... j'entends !... tu le sais aussi bien que moi...

THÉMINE.

C'est que c'est une expression qui n'a pas le sens commun... car je n'ai jamais eu dans ma vie un seul bonheur de ce genre-là, qui ne m'ait rendu le plus malheureux des hommes... chaque succès, quel qu'il fût, m'a toujours valu une catastrophe...

ÉDOUARD.

Est-il possible !

THÉMINE.

D'abord, débutant dans le monde, tu sais que j'étais officier, et attaché, en qualité d'aide-de-camp, au maréchal de... Je ne te dirai pas son nom...

ÉDOUARD.

Tu feras aussi bien... tout le monde le connaît !...

THÉMINE.

Il avait une jeune femme... et tu sais que les aides-de-camp... Moi... ce n'est pas ma faute... Enfin, le mari le découvre... de là... un bruit... un éclat... tu connais l'aventure... il a fallu donner ma démission ; et voilà, grace à mon bonheur, mon état perdu !...

ÉDOUARD.

Qu'importe ! tu étais riche !...

THÉMINE.

Riche d'espérances... Un oncle qui, avec cent mille livres de rente, et soixante-dix ans, s'était avisé d'épouser une femme de dix-huit...

ÉDOUARD.

Tant mieux !... tu n'avais pas d'héritier à craindre...

THÉMINE.

Ah bien oui !... et la fatalité qui me poursuit !... et le malheur qui s'attache à mes pas !...

Ma tante était jeune... vive... coquette... enfin, que te dirai-je?... Ce qu'il y a de certain, c'est que dernièrement mon oncle m'a prié d'être parrain... et que je perds cent mille livres de rente... Appelles-tu cela du bonheur?

ÉDOUARD.

C'est ta faute!...

THÉMINE.

Et cinquante événements de ce genre-là, dont je te fais grace... car, une fois lancé dans cette carrière aventureuse, une intrigue en amène une autre... Passer sa vie dans des ruses, des disputes, des jalousies continuelles, et souvent se donner bien du mal pour tromper des infidèles, compromettre ou perdre ses meilleurs amis, n'acquérir dans le monde ni estime ni considération... ne trouver chez soi ni repos ni bonheur... ruiner sa santé par des veilles, des fatigues, des inquiétudes de toutes sortes... se repentir du passé, s'ennuyer du présent, et se créer pour l'avenir des regrets, des remords et des rhumatismes... voilà ce qu'on est convenu d'appeler un homme à bonnes fortunes!... Cette existence te parait-elle bien séduisante?

ÉDOUARD.

Non, sans doute!... mais il ne tient qu'à toi d'y renoncer, d'embrasser une profession utile et honorable!

THÉMINE.

Et laquelle?... à mon âge!... à trente ans!... il est déja trop tard; et lorsque depuis dix ans on ne s'est occupé que de futilités, on n'est plus bon à rien!...

ÉDOUARD.

Tu as un beau nom... tu peux faire un grand mariage!...

THÉMINE.

Il ne tiendrait qu'à moi!... mais ce seraient de nouveaux embarras pour rompre avec tout le monde... des plaintes, des reproches, des scènes de désespoir... Si tu savais comme il est difficile de quitter une femme!... et Dieu m'est témoin cependant que j'y fais tous mes efforts!... avec tous les procédés possibles... car, au fond du cœur, je suis honnête homme!... et voilà souvent ce qui me rend si malheureux!...

ÉDOUARD.

Est-il possible!...

THÉMINE.

Oui, mon ami... je n'ai jamais lâchement et froidement trompé personne!... il me serait impossible de feindre un amour que je n'éprouve pas!... et maintenant encore, toutes celles que j'aime... je les aime réellement!...

ÉDOUARD.

Et combien y en a-t-il donc?...

THÉMINE.

Dans ce moment... deux seulement!... une sur-tout... celle-là est un ange dont je ne suis pas digne... Beauté, jeunesse, vertu, elle a tout ce qu'il faut pour séduire... et jamais je n'ai aimé personne comme elle... peut-être aussi parceque je n'en ai jamais rien obtenu... rien... que sa tendresse, dont je ne puis douter... tendresse si pure et si désintéressée, car elle m'offre avec sa main une fortune que, pour le moment, je suis trop pauvre et trop fier pour accepter... Je veux bien devoir aux femmes mes malheurs, mais non pas ma fortune... et puis comme obstacle, il y a encore l'autre dont je te parlais.

ÉDOUARD.

Comment!

THÉMINE.

L'autre, que j'ai aimée aussi... et que je n'aime plus autant... une jeune tête... vive, ardente, qui, pour la colère et la jalousie, aurait mérité d'être Napolitaine!... Et à la première nouvelle de ce mariage... je la connais... rien ne l'arrêterait!... elle ferait un éclat qui me perdrait... car maintenant ce n'est plus comme autrefois... et le trouble... le déshonneur d'un ménage, c'est sur nous que cela tombe!...

ÉDOUARD.

Ce qui est bien injuste!...

THÉMINE.

Tu vois bien!... tu croyais que tout cela ne donnait pas de mal à arranger?

ÉDOUARD.

AIR du vaudeville de la Famille de l'Apothicaire.

J'en conviens, c'est un rude état.

THÉMINE.

Aussi que Dieu me soit en aide.

ÉDOUARD.

Il vaut bien mieux être avocat.

THÉMINE.

Oui, certes!... au moins l'on ne plaide
Qu'une seule cause à-la-fois!
Pour vous la chance est bien plus belle!

ÉDOUARD.

Eh bien! veux-tu pour quelques mois,
Que nous changions de clientelle?

THÉMINE.

Je ne demande pas mieux... tu me rendrais service.

ÉDOUARD.

Ce serait avec un grand plaisir, si, de mon côté, je n'étais pas amoureux.

THÉMINE.

Toi, amoureux?

ÉDOUARD.

Tais-toi... c'est mon père.

<hr>

SCÈNE VI.

LES PRÉCÉDENTS, BONNEVAL.

BONNEVAL *.

Eh bien! notre cher hôte... êtes-vous un

____
* Thémine, Bonneval, Édouard.

peu reposé ?... vous trouvez-vous mieux ?... Et vous, jeunes gens... avons-nous renoué connaissance ?...

ÉDOUARD.

Oui vraiment !... il est si doux de retrouver un ami véritable, un ami sur qui l'on puisse compter...

BONNEVAL.

Il a raison... mon fils doit s'estimer heureux d'être votre ami... Moi qui vous parle, je suis fier de vous connaître !... Oui, jeune homme, je vous regarde avec admiration... comme je regarderais un homme célèbre... un conquérant !... Il me fait l'effet de Napoléon... dans son genre...

THÉMINE.

Vous êtes trop bon...

ÉDOUARD, souriant.

Mon père, vois-tu, est comme la multitude, qui se laisse éblouir par l'éclat des conquêtes, et n'en voit pas les inconvénients... les nuits que l'on passe à veiller dans les bals... et les rendez-vous quand il faut, au mois de janvier, attendre une heure entière en plein air...

BONNEVAL.

A l'espagnole...

THÉMINE.

Ou dans une voiture de place... mal fermée... au risque d'un rhume... ou d'une fluxion de poitrine...

BONNEVAL.

Voilà ce que j'aimerais le moins... mais le reste doit être si agréable... les intrigues, les belles dames voilées... les lettres mystérieuses... et, à propos de cela, en voilà une qui arrive par la poste...

THÉMINE.

Pour moi...

BONNEVAL.

Non, monsieur... celle-là n'est pas pour vous... elle est adressée à M. Bonneval... Mais, comme maintenant, grace au ciel, nous sommes deux dans la maison, je ne sais pas si c'est pour mon fils ou pour moi... (A Édouard.) Tiens, regarde... c'est timbré de Mâcon... et je n'y connais personne...

ÉDOUARD.

Ni moi non plus !...

THÉMINE, nonchalamment.

Mâcon !... je sais ce que c'est... (A Édouard.) Comptant passer ici quelques jours... je m'étais permis, mon cher ami, de me faire adresser mes lettres chez ton père... (A Bonneval.) Et, comme je vous le disais bien, la lettre est pour moi.

BONNEVAL, ôtant la première enveloppe qu'il jette à terre.

C'est, ma foi ! vrai !... (Lisant.) «Pour remettre à M. Gustave de Thémine... » Est-il étonnant ! (Lui remettant la lettre.) C'est un billet de femme... ça ne se demande pas... papier satiné. (Thémine prend la lettre, et la met dans sa poche.) Eh bien ! vous ne lisez pas ?

THÉMINE.

J'ai le temps... et puis, je me doute de ce qu'il contient... c'est toujours la même chose...

BONNEVAL.

Pour vous, qui en avez l'habitude... mais pour moi... si toutefois il n'y a pas d'indiscrétion...

THÉMINE, reprenant la lettre dans sa poche.

Aucune... (Lisant.) « Ne venez point dans « mon immense et gothique château... vous « ne m'y trouveriez plus... je pars... c'est à Pa- « ris que l'amour ira vous attendre... Venez, « mon ami, venez !... »

BONNEVAL, à Édouard.

Est-il heureux !... un billet pareil... il y a de quoi faire tourner la tête... et à votre place... de mon temps...

THÉMINE.

Qu'auriez-vous fait ?

BONNEVAL.

Je serais déja en route...

THÉMINE, s'asseyant à droite du théâtre.

Vous êtes bien bon !... moi je reste...

BONNEVAL.

Est-il possible !... vous n'irez pas.

THÉMINE, donnant la main à Édouard qui s'est approché de lui.

Non, certes... ces huit jours étaient ceux que je destinais à l'amitié, et au lieu du calme, du repos que je trouve ici... j'irais faire soixante lieues... pour un rendez-vous ?... le ciel m'en préserve !

ÉDOUARD.

Tu as raison... fais comme moi... prends des vacances...

THÉMINE.

Et puis, tu sais bien que je veux me retirer du monde...

BONNEVAL.

Quel dommage !...

THÉMINE, se levant *.

Et cette personne-là est justement celle dont la tête ardente et les inconséquences pourraient le plus me compromettre...

BONNEVAL.

Une petite madame de Lignolle ?

THÉMINE.

A-peu-près... et de plus un mari jaloux... soupçonneux à l'excès...

BONNEVAL.

Qu'on ne saurait tromper...

THÉMINE, souriant.

Oh ! cela n'empêche pas... et ce vieux château, où elle est en ce moment, me rappelle l'aventure la plus plaisante...

* Édouard. Thémine, Bonneval

BONNEVAL.

Oh! dites-la-nous, de grace... j'adore les
aventures...

THÉMINE, sérieusement.

Du tout, je n'en conte jamais...

ÉDOUARD.

C'est vrai... il est d'une discrétion... néces-
saire peut-être dans sa position... mais ici,
entre nous...

BONNEVAL.

Avant le souper, et pendant que ma fille n'y
est pas... eh bien donc!

THÉMINE.

Eh bien!... il y a quelques mois, en allant
aux eaux... je m'arrêtai une journée dans cet
antique manoir... un parc magnifique... ancien
jardin français, que le maître du logis venait
de faire dessiner à l'anglaise, et qu'il nous faisait admirer en détail... car, soit jalousie de
mari, soit amour-propre de propriétaire... il
ne nous quittait pas d'un seul instant... Je par-
tais après le dîner... pas moyen d'adresser un
seul mot de regret à sa femme... une femme de
dix-huit ans... jeune... vive... charmante... c'é-
tait désolant...

BONNEVAL.

Je conçois...

THÉMINE.

Enfin, ennuyés de nous promener... je m'é-
crie avec impatience : « Rentrons au château...
car, dans ce bosquet où nous sommes, nous
ne pourrions pas entendre la cloche du dîner.
— C'est ce qui vous trompe, dit le maître de
la maison, le vent porte de ce côté, et on en-
tendrait parfaitement. — Vous êtes dans l'erreur. — Non vraiment. — Je parie que si. —
Je parie que non. — Vingt-cinq louis... » La
dispute s'engage, et pour savoir au juste qui
de nous deux gagnera, il est convenu que
nous resterions où nous étions, tandis que le
mari retournerait au château sonner le tocsin... Ce qu'il fit bravement et très long-
temps... Et quand il revint d'un air victorieux
nous demander : « Eh bien ! avez-vous entendu?... » Nous fûmes obligés de convenir
qu'il avait gagné... ce dont il fut très content...
et moi aussi!

TOUS TROIS, riant.

Air : Profitez du temps. (Romance de Romagnesi.)

C'est vraiment charmant!
Ce mari qui sonne !
Qui sonne en personne;
Quel soin complaisant!
Tableau plein de charme,
Dont je vois l'effet;
Grace à ce vacarme,
Grace à lui, c'était
Le tocsin d'alarme
Qui { vous / nous } rassurait !

ÉDOUARD, montrant Thémine.

Pour lui tous les jours
Sont des jours de fêtes !

BONNEVAL.

Vivent les conquêtes !
Vivent les amours !

ENSEMBLE.

Tableau plein de charme,
Dont je vois l'effet;
Grace à ce vacarme,
Grace à lui, c'était
Le tocsin d'alarme
Qui { nous / vous } rassurait.

SCÈNE VII.

LES PRÉCÉDENTS, HENRIETTE.

HENRIETTE [*].

Mon père... mon père... encore une visite
qui nous arrive... Est-ce que vous n'avez pas
entendu le bruit d'une voiture ?

BONNEVAL.

Ma foi! non... nous étions là dans une conversation...

HENRIETTE.

C'est votre ancien ami... le général Torigni...

THÉMINE.

Le général!...

ÉDOUARD.

Tu le connais...

THÉMINE, froidement.

Mais, oui... c'est lui, je crois, qui commande
ce département...

BONNEVAL, gaîment.

Précisément!... qu'il soit le bienvenu!... jamais nous n'avons reçu tant de monde à-la-
fois... tant de beau monde... cela va nous donner un mal... un embarras qui m'enchante...
(A Thémine.) Vous excusez...

THÉMINE.

Comment donc... je vous en prie... que je
ne vous empêche pas de recevoir vos nouveaux
hôtes... (Il s'assied près de la table à gauche, et ouvre
un livre qu'il lit.)

SCÈNE VIII.

LES PRÉCÉDENTS, M. DE TORIGNI,
HORTENSE.

BONNEVAL.

Eh! le voilà, ce cher ami...

TORIGNI.

Mon cher Bonneval... vous ne nous en voulez pas de venir ainsi chez vous en passant,
sans façon et en ménage... car je vous présente ma femme... vous ne saviez peut-être pas
que j'étais marié?... (Édouard s'approche de madame
et de M. de Torigni qu'il salue.)

BONNEVAL.

Non vraiment...

[*] Édouard. Bonneval. Thémine. Henriette.

TORIGNI *.

Depuis deux ans, et une jolie femme, je m'en vante... Que voulez-vous? vieux soldat de Bonaparte, j'ai fait mon chemin, j'ai eu des grades, des dotations... j'ai été fait baron... comme tout le monde.

AIR : Voulant par ses œuvres complètes.

Aussi, je me disais sans cesse,
De mon nom soutenant l'éclat,
A quelqu'un il faut que je laisse
Mes écus et mon majorat !
Et dans une telle alliance
Je ne me suis pas, Dieu merci !
Décidé comme un étourdi,
Car voilà trente ans que j'y pense !

Et comme j'en avais soixante-deux, il était temps...

BONNEVAL.

Et, comme on dit, vous n'avez pas perdu pour attendre...

TORIGNI, montrant sa femme.

Non, certes... un peu jeune... un peu vive... un peu étourdie... quelquefois même inconséquente...

HORTENSE.

Je vous remercie, monsieur...

TORIGNI.

Du reste, un cœur excellent... et une tête... c'est elle qui mène toute la maison, à commencer par moi... et cependant, vous le savez, je ne suis pas tendre...

HORTENSE.

Ah! vous êtes bien modeste... vous pourriez dire colère... jaloux.

TORIGNI.

Et même brutal, j'en conviens...Au moindre soupçon, je brise tout, et il y a des moments où je la tuerais... mais, cela passé... je redeviens... le meilleur enfant du monde... et le mari le plus galant...

HORTENSE.

Oui, la galanterie de l'empire...

TORIGNI, s'avançant.

Que vois-je?...Monsieur de Thémine...en ces lieux... (Thémine salue madame de Torigni, qui lui rend froidement son salut.) Surcroît de plaisir... (A Bonneval.) Mon cher ami, voilà le plus aimable homme qui existe **...

HENRIETTE.

Vraiment !

TORIGNI.

C'est à son crédit que je dois le commandement de ce département; et quand tant d'autres se vantent de ce qu'ils ne font pas... lui ne m'a jamais rien dit d'un pareil service...

THÉMINE.

Ne parlons pas de cela, général.

* Édouard, Bonneval, Torigni, Hortense, Henriette, Thémine.
** Édouard, Bonneval, Torigni, Hortense, Thémine, Henriette.

TORIGNI.

C'est au ministère seulement que je l'ai appris...

HENRIETTE.

Ah! que c'est bien à lui...

TORIGNI, à Hortense.

Et tu ne le remercies pas comme moi...

HORTENSE.

Je n'en vois pas la nécessité... si c'est au crédit de monsieur que je dois un exil dans les départements... moi qui n'aime que Paris... les bals... les spectacles...

TORIGNI.

Nous irons chaque hiver passer deux mois dans la capitale... je l'ai obtenu...

HORTENSE.

A la bonne heure... vous, au moins, vous êtes aimable... mais il n'y a pas de la faute de monsieur, et je lui demanderai toujours de quel droit il se mêle de protéger les gens qui ne réclament pas sa protection...

THÉMINE.

Je suis désolé, madame, d'avoir mérité votre ressentiment...

TORIGNI.

Elle vous pardonnera...

THÉMINE.

Je l'espère du moins...

HORTENSE.

Et je l'espère, dans votre bouche, veut dire : J'en suis sûr... Eh! bien c'est ce qui vous trompe... car il y a en vous, monsieur, une intrépidité de bonne opinion que je ne puis souffrir... (A Torigni qui fait un geste.) Oh! n'ayez pas peur... il le sait bien... je ne lui apprends rien de nouveau... toutes les femmes le craignent ou le flattent... moi, je lui dis toujours la vérité... aussi nous sommes ennemis déclarés, ce qui n'empêche pas de se voir : et, puisque nous retournons à Paris, quand viendrez-vous me demander à dîner?...

TORIGNI.

Oui, pour faire la paix...

HORTENSE.

Un mardi ou un samedi... mon jour de loge aux Italiens... le général les déteste, vous m'y mènerez... mais rancune tenante !...

THÉMINE.

Je l'entends bien ainsi... la guerre m'offre tant d'avantages...

HORTENSE.

Et comment cela?...

THÉMINE.

Être votre ennemi... c'est un moyen de me distinguer... je suis sûr d'être le seul... tandis qu'autrement !...

HORTENSE.

Ah! que c'est fade !...

BONNEVAL, bas à Édouard.

En voilà une du moins qui ne l'aime pas !...

TORIGNI.

Ah çà, outre le plaisir de vous voir... je suis venu pour affaires... j'allais à Paris consulter M. Édouard, votre fils... lorsque j'ai appris hier qu'il était chez vous en vacances, et j'ai dit : « Fouette, postillon!... deux lieues de plus pour trouver un homme de talent... »

THÉMINE.

On fait souvent plus de chemin sans en rencontrer.

TORIGNI.

Comme vous dites...

ÉDOUARD, passant auprès du général.

A vos ordres, général... Mais nous parlerons de cela plus tard, car devant ces dames...

HORTENSE.

Ah mon Dieu ! que je ne vous gêne pas... moi, je suis horriblement fatiguée... je vais faire un peu de toilette...

TORIGNI.

Air du Pot de Fleurs.

Et ta fatigue, chère amie?

HORTENSE.

Cela délasse !

TORIGNI.

Il y parait !

THÉMINE.

Dès qu'il faut vaincre tout s'oublie !

TORIGNI.

Des conquêtes tel est l'effet !

THÉMINE, à Torigni.

Cette habitude était jadis la vôtre,
Et votre bras que la gloire guidait,
D'une victoire alors se reposait,
En en gagnant encore une autre !

(Bonneval et Henriette remontent le théâtre et causent ensemble.)

HORTENSE.

C'est très joli ce qu'il vous dit là... car monsieur est bien plus galant avec vous... qu'avec moi... aussi je m'en vais... je vous laisse...

BONNEVAL, passant avec Henriette entre M. Torigni et Hortense.

Ma fille va vous montrer votre appartement... la chambre verte, n'est-ce pas?... la première à gauche dans le corridor... une vue superbe... la vue sur mes vignes...

HENRIETTE *.

Ne vous inquiétez donc pas, mon père... cela me regarde...

BONNEVAL.

Par exemple... général, je crains que nous ne soyons obligés de vous séparer de madame; car, dans cette campagne, nos chambres sont si petites que vous aurez chacun la vôtre... c'est très désagréable...

* Édouard, Torigni, Bonneval, Henriette, Hortense, Thémine.

HORTENSE, souriant.

Comment donc!... une maison charmante...

BONNEVAL.

Vous êtes bien bonne...

HORTENSE, à Henriette.

Pardon, ma belle demoiselle... désolée de la peine que vous prenez... mais je vous rends tout de suite à ces messieurs... (Saluant Thémine.) Monsieur de Thémine... (Saluant Torigni.) Monsieur le général... j'ai bien l'honneur... Allons, messieurs... parlez d'affaires, il n'y a plus de dames...

(Elle entre avec Henriette dans la chambre à gauche.)

SCÈNE IX.

LES MÊMES, excepté HENRIETTE et HORTENSE *.
(Thémine s'est assis à droite du théâtre.)

TORIGNI.

Je ne suis pas fâché que ma femme s'éloigne... car, sans le savoir, elle est pour quelque chose dans cette aventure dont je veux vous parler, et j'aime autant qu'elle n'en ait pas connaissance...

ÉDOUARD.

Qu'est-ce donc?...

TORIGNI.

Une discussion qui a lieu entre l'autorité militaire et l'autorité administrative... et c'est à ce sujet que je viens vous demander un petit mémoire justificatif pour exposer au ministère ce qui s'est passé entre moi et M. de Varange, notre préfet...

THÉMINE, se levant.

M. de Varange, mon cousin... un cousin à succession, avec qui je suis brouillé à mort...

TORIGNI.

Vrai... touchez là... nous sommes quittes... je vous ai rendu, sans le savoir, un service d'ami...

TOUS.

Et comment cela?...

TORIGNI.

L'autre soir, dans son salon, où nous n'étions que quelques personnes... j'étais sur un canapé, où je dormais à moitié, ce qui m'arrive souvent, lorsqu'en me réveillant j'entendis mon nom que l'on prononçait en riant et à voix basse... C'était M. le préfet lui-même qui se permettait de s'égayer à mes dépens...

Air de Turenne.

Sur mon honneur, sur celui de ma femme,
Ils plaisantaient! j'entendais leurs bons mots!

THÉMINE.

Et vous pouviez, dans le fond de votre ame,
Donner croyance à de pareils propos?

BONNEVAL.

Vous, compagnon de nos vieux généraux!

* Thémine, Édouard, Torigni, Bonneval.

ÉDOUARD.

Lorsque la mitraille et la poudre
Ont respecté ce front guerrier,
Rien ne saurait l'atteindre !... le laurier
Préserve, dit-on, de la foudre !
Préserve toujours de la foudre !

TORIGNI.

Dieu le veuille ! aussi j'aurais dû m'écrier :
« C'est une calomnie... vous outragez un vieux
« soldat... un homme d'honneur... » Mais, ma
foi ! je n'ai eu le temps ni de parler, ni de ré-
fléchir... j'ai commencé l'explication militai-
rement, en lui appliquant un soufflet...

BONNEVAL.

O ciel !...

TORIGNI.

Vous sentez qu'après cela il ne s'agissait plus
de phrases.... et le soir même... nous nous
sommes battus au pistolet... nous marchions
l'un sur l'autre... il a tiré à dix pas... m'a man-
qué... moi je suis arrivé sur lui...

ÉDOUARD.

Et vous lui avez donné la vie...

TORIGNI.

Je l'ai tué... sans pitié... je ne m'en repens
pas... et j'en ferais autant à quiconque, direc-
tement ou indirectement, porterait atteinte à
la réputation de ma femme... je n'ai qu'un
tort, c'est de m'être battu... et si jamais j'étais
trahi...

ÉDOUARD.

Y pensez-vous?...

TORIGNI.

Oui, morbleu!.. c'est une infamie; et je
m'en rapporte à vous qui êtes avocat et qui en-
tendez la justice... Vous punissez, n'est-il pas
vrai, le vol et l'assassinat? Si un malfaiteur
s'introduit chez moi, pour me dérober une
somme dont je ne me soucie guère... il y a des
lois... et s'il me dérobe ce que j'ai de plus cher
au monde, il n'y en a pas!... s'il me ravit mon
honneur, mon repos, ma réputation, il faut
que j'aille exposer mes jours pour en avoir
vengeance!... je ne crains pas la mort... je l'ai
vue de près... mais penser qu'en mourant, je
laisserais auprès de ma femme un successeur
peut-être... Non, je suis trop jaloux pour
me faire tuer... et si jamais je trouvais chez
moi un amant, un rival... je tirerais dessus
sans remords; et, dans mon ame et conscience,
je croirais avoir bien fait...

THÉMINE, souriant.

Vous dites cela... mais vous n'oseriez pas...

TORIGNI.

Et qui m'en empêcherait?

THÉMINE.

Vous-même.

TORIGNI.

Ce n'est pas vrai...

THÉMINE.

Laissez donc, vous êtes trop brave pour
cela, et je parie bien...

TORIGNI.

Je parie que non... (Souriant.) Et prenez
garde, mon cher ami, vous savez que vous
n'êtes pas heureux avec moi en paris...

BONNEVAL.

Comment cela?...

TORIGNI.

Je lui en ai déja gagné un il y a deux mois...
lorsqu'en allant aux eaux, il s'est arrêté une
demi-journée... dans mon château, aux environs de Mâcon : et cette visite-là lui a coûté
vingt-cinq louis...

BONNEVAL.

O ciel...

TORIGNI.

Tout autant, et je me les reproche... parce-
qu'en honneur, je pariais à coup sûr... Il voulait me soutenir que, du bout de mon parc, on
n'entendait pas la cloche de ma salle à manger.

THÉMINE, vivement.

Du tout... ce n'était pas moi!...

TORIGNI.

Vous et ma femme... vous êtes tous les deux
d'une obstination...

THÉMINE, à part, avec impatience.

Et pas moyen de l'arrêter...

TORIGNI.

Au point que, pour les convaincre... j'ai été
obligé moi-même d'aller sonner...

BONNEVAL, tout effaré.

Non, non... ce n'est pas possible... et je
doute encore...

TORIGNI.

Il n'y a pas à en douter... c'est comme je
vous le dis... rien n'est plus vrai...

BONNEVAL, à part.

Ah mon Dieu!... mon Dieu!...

THÉMINE, bas à Édouard.

Prends donc garde à ton père qui va nous
trahir.

TORIGNI.

C'est drôle... n'est-ce pas?... très drôle...
ah !

SCÈNE X.

LES PRÉCÉDENTS, HENRIETTE.

HENRIETTE *.

Mon père, madame de Torigni est prête... le
souper est servi, et si vous voulez... (Le regardant.)
Ah mon Dieu! qu'est-ce que vous avez donc?...
Quelle drôle de physionomie !...

THÉMINE.

C'est vrai! la figure la plus étonnante...

HENRIETTE, riant.

Ah! ah! ah!

* Henriette, Thémine, Edouard, Torigni, Bonneval.

THÉMINE, riant aussi.

Il n'y a pas moyen... de garder son sérieux...
(Tous se mettent à rire.)

BONNEVAL, regardant Thémine.

Et il ose rire encore... je n'ai pas une goutte
de sang dans les veines... (Essayant de rire.) Ah !
Ah !...

THÉMINE, à Édouard.

Tâche donc de changer la conversation...

TORIGNI, regardant à terre et se baissant.

Par exemple, pour un homme soigneux,
voilà une lettre que vous laissez traîner à
terre...

BONNEVAL, qui est passé auprès d'Édouard*.

Une lettre... laquelle ?...

TORIGNI, la ramassant.

Non... je me trompe... ce n'est qu'une enveloppe... (La regardant.) A monsieur Bonneval.
(S'arrêtant.) Ah mon Dieu !...

ÉDOUARD, bas à Bonneval.

L'écriture de sa femme... Il la reconnaît...

BONNEVAL.

Que lui dire ?

THÉMINE.

Silence !

TORIGNI, à part, et regardant toujours l'adresse.

C'est bien sa main... et timbrée de Mâcon...
Il n'y a pas de doute... A monsieur Bonneval.
Comment ma femme écrit-elle à Édouard, à
ce jeune homme qu'elle ne connaît pas ?... Je
le saurai... (Haut à Bonneval.) Je pense que cette
enveloppe contenait une lettre qui appartenait
à votre fils ?

BONNEVAL, à part.

Dieu !... s'il allait lui chercher querelle...
(Haut.) Non... général... non, c'est à moi que
la lettre était adressée...

TORIGNI, le regardant avec attention.

A vous ?...

BONNEVAL, à part.

Il va me prendre pour un séducteur...

TORIGNI, se contenant.

Puis-je savoir, sans indiscrétion... quelle
est la personne qui vous a envoyé cette lettre ?... Comment se fait-il qu'elle vous écrit ?...
quelle affaire ?... quelle relation ?...

BONNEVAL, à part.

Je me sens une sueur froide... C'est fini,
me voilà revenu des bonnes fortunes et des
conquérants...

TORIGNI, avec une colère concentrée.

Eh bien !... ne pouvez-vous me répon-
dre ?... Y a-t-il là-dessous quelque mys-
tère ?...

ÉDOUARD, souriant et passant auprès de Torigni.

Aucun, général... Mais il n'est pas étonnant
que mon père ignore ce dont il s'agit... c'est
moi qui ai reçu la lettre... et qui l'ai lue.
(Bonneval passe à la droite de Thémine **.)

* Thémine, Édouard, Bonneval, Torigni, Henriette.
** Bonneval, Thémine, Édouard, Torigni, Henriette.

TORIGNI.

Et de qui était-elle ?

ÉDOUARD.

Vous vous en doutez bien... elle était de
votre femme.

TORIGNI.

Et pourquoi vous écrivait-elle ?...

ÉDOUARD.

Pour nous prévenir de votre arrivée...

THÉMINE, bas à Édouard.

A merveille...

BONNEVAL.

Dieu ! que ces avocats ont d'esprit... pour
trouver des moyens...

TORIGNI.

Quoi ! vraiment, c'était cela ?... (Souriant.)
Eh bien ! voyez, mes amis, si je suis malheureux... l'aspect seul de cette enveloppe, cette
écriture... avaient déjà fait naître dans mon
esprit mille idées absurdes...

ÉDOUARD, bas à Thémine.

Préviens madame de Torigni...

THÉMINE, de même.

J'y cours... (Avec effroi.) C'est elle !...

SCÈNE XI.

LES PRÉCÉDENTS, HORTENSE.

HORTENSE *.

Ce n'est pas moi qui ferai attendre, je l'espère... Je descends pour le souper... car il
parait que l'on soupe... c'est amusant... c'est
patriarcal... (A Torigni.) Eh bien ! monsieur, la
conférence est-elle terminée ?...

TORIGNI.

Sans doute... (Lui montrant l'enveloppe.) Tenez,
connaissez-vous cela ?...

HORTENSE.

O ciel !...

TORIGNI.

Pourquoi... je vous le demande, ne pas m'en
prévenir ?...

HORTENSE.

Moi... que voulez-vous dire ?...

THÉMINE.

Que la vue seule de cette enveloppe, trou-
vée à terre, avait déjà éveillé l'imagination du
général...

ÉDOUARD.

Il ne voulait pas croire que vous nous eus-
siez écrit, madame, pour nous prévenir de
votre arrivée...

HORTENSE, cherchant à se remettre.

Et pourquoi pas ?... C'était, je crois, plus
convenable que de surprendre ainsi vos
amis...

TORIGNI.

Certainement... mais, je le répète, pourquoi
ne m'en a-t-on rien dit ?...

* Bonneval, Thémine, Édouard, Torigni, Hortense,
Henriette.

HENRIETTE, venant entre Édouard et Torigni.

C'est comme à moi... les frères sont singu-liers.. il avait cette lettre, et ne m'en prévient pas...

TORIGNI, regardant Édouard et sa femme.

C'est étonnant!...

HENRIETTE.

De sorte que j'ai été obligée, et vite... et vite...

ÉDOUARD, bas à Henriette.

Tais-toi donc !

TORIGNI, à Henriette, regardant Édouard et sa femme.

Ah!... il ne vous en a pas fait part...

THÉMINE.

Les avocats ont bien autre chose en tête, et sont distraits comme les poëtes... Allons, général... à table ! (Il va auprès de Torigni.)

TORIGNI, toujours observant.

Volontiers...

ÉDOUARD.

Vous verrez notre vin de Champagne de la façon de mon père.

TORIGNI, essayant de rire.

Ici... à Dijon...

ÉDOUARD.

Certainement... c'est en Bourgogne, main-tenant, qu'on fait le Champagne...

THÉMINE.

Aussi, moi qui n'en bois jamais... je tiendrai tête au général... Une fois par hasard, cela fait bien... Cela étourdit.

TORIGNI.

Vous avez raison... (Bas à Thémine, montrant Édouard et sa femme.) Mon cher ami, j'ai des soupçons sur ce jeune homme.

THÉMINE, de même.

Quelle folie! Y pensez-vous?

TORIGNI, de même.

Je ne les perds pas de vue.

FINAL des Voitures Versées.

CHOEUR.

A table, à table !
C'est ici l'instant d'être aimable,
C'est un repas délicieux !
On soupait chez nos bons aïeux.

TOUS, à part.

Cachons mon trouble à tous les yeux.
A table, à table.

HORTENSE*, bas à Thémine, pendant que la musique continue.

Il faut que je vous parle; ne fût-ce qu'une minute.

THÉMINE, de même.

Impossible.

HORTENSE.

Ma sûreté en dépend.

THÉMINE.

J'irai... (Il s'éloigne, et dit à part.) La chambre verte : je me le rappelle.

BONNEVAL, à Henriette.

La chambre destinée à madame est-elle prête?

HENRIETTE.

Y pensez-vous? pour une belle dame, un tel appartement? je lui donnerai le mien; c'est le plus beau de la maison.

BONNEVAL.

Et toi?

HENRIETTE.

Je prendrai la chambre verte.

CHOEUR.

A table, à table,
C'est ici l'instant d'être aimable,
C'est un repas délicieux !
A table, à table.

(Édouard offre sa main à Hortense; le général à Henriette; Thémine et Bonneval sortent les derniers.)

* Bonneval, Henriette, Édouard, Torigni, Thémine, Hortense.

ACTE SECOND.

Le théâtre représente un riche salon du château de madame de Simiane. Une cheminée et deux croisées au fond. — Portes latérales. — La porte à gauche de l'acteur est celle de l'appartement de madame de Simiane; celle de droite est la porte d'entrée. — Sur le devant, à gauche, un guéridon avec quelques papiers.

SCÈNE I.

THÉMINE, Mᵐᵉ DE SIMIANE.

(Thémine est assis à droite du théâtre, la tête appuyée sur sa main ; madame de Simiane entrant par la porte à gauche, et parlant à un domestique.)

MADAME DE SIMIANE, au domestique.

Disposez tout comme je l'ai dit, et avertissez-moi dès que ces messieurs viendront... (Le domestique sort par la porte à droite. — Apercevant M. de Thémine.) Ah! M. de Thémine... il arrive le pre-mier... c'est bien...

THÉMINE, à part.

Plus de repos!... c'est horrible!... et depuis six semaines, depuis ce funeste voyage, ne pouvoir chasser cette idée qui me poursuit!....

MADAME DE SIMIANE, s'approchant doucement.

Il ne me voit pas... tant il est préoccupé!.... il ne faut pas m'en plaindre... c'est peut-être à moi qu'il pense...

THÉMINE, à part.

Fatale soirée !... fatale ivresse !... (Madame de Simiane s'approche lentement, et met sa main sur son épaule. Thémine la regardant.) Ah ! Amélie !... (Avec délire, et joignant les mains.) Pardon !... pardonnez-moi !...

MADAME DE SIMIANE, souriant.

De ne m'avoir pas vue...

THÉMINE.

Oui, j'en avais besoin... je vous appelais... ne me quittez pas !... quand vous êtes près de moi... je suis si heureux !... je ne pense plus à rien... qu'à vous, qui, malgré votre cruauté, votre sévérité, êtes mon ange gardien.

MADAME DE SIMIANE.

Dites-vous vrai ?... tant mieux... mais savez-vous, mon ami, que depuis plus d'un mois... depuis votre retour des eaux, vous m'inquiétez sérieusement ?...

AIR du Piège.

Ou d'humeur noire ou de vapeur,
On vous croirait atteint !

THÉMINE.

Quelle injustice !

MADAME DE SIMIANE.

C'est donc le spleen ?

THÉMINE.

Eh ! non vraiment ! erreur !

MADAME DE SIMIANE.

Alors, monsieur, c'est un caprice,
C'est pire encor; ce sont des torts nouveaux
Qu'il faut nous laisser à nous autres !
Pourquoi, messieurs, nous prendre nos défauts?
Vous avez bien assez des vôtres !

Et c'est pour vous gronder, que je vous ai fait venir de si bon matin ici... dans mon château... vous pensiez peut-être être en bonne fortune ?

THÉMINE.

Mais, oui; puisque je venais vous voir...

MADAME DE SIMIANE.

Eh bien ! mon ami, détrompez-vous... il s'agit de choses très sérieuses... et auxquelles vous ne vous attendez guère... D'abord, parlons raison... il y a quelques mois, quand je vous offris ma main... vous m'avez refusée... vous n'aviez rien, vous ne vouliez pas tenir de votre femme votre fortune et votre existence dans le monde... et tout en blâmant un excès de délicatesse qui nous rendait malheureux, je trouvais à ce refus un motif trop noble pour m'en offenser... mais depuis six semaines environ, la mort de votre cousin vous laisse héritier d'une fortune égale au moins à la mienne... c'est chez votre ami, chez M. Édouard Bonneval, que vous avez, si je ne me trompe, appris cette nouvelle, et dès le lendemain au matin, vous avez quitté sa campagne près de Dijon, et vous êtes accouru chez moi, à Paris... dans un état que je ne pourrai jamais oublier... un

air sombre et égaré... une physionomie toute renversée... et cependant je ne pouvais attribuer cette douleur à la perte de votre cousin, que vous n'aimiez pas, et avec qui vous étiez fort mal... Ma première pensée, je l'avoue... on craint tout quand on aime... fut que votre cœur était changé... que vous ne m'aimiez plus...

THÉMINE.

Moi !...

MADAME DE SIMIANE.

Je fus bientôt rassurée... jamais vous n'aviez été près de moi plus tendre et plus assidu... mais souvent, dans vos yeux, il y avait une expression de regrets... d'amour, et de repentir, qui me touchait tellement, que bien des fois... je fus tentée de vous dire : Je te pardonne...

THÉMINE.

Me pardonner... eh quoi ?...

MADAME DE SIMIANE.

Je n'en sais rien... mais je vous pardonnais toujours... et maintenant que je sais tout...

THÉMINE.

O ciel !... vous sauriez... non... non, ce n'est pas possible...

MADAME DE SIMIANE.

L'autre semaine, au jardin, vous causiez avec votre frère... j'étais près de vous, et il vous disait : « Eh bien ! quand vous mariez-vous ?... — Peut-être jamais ! avez-vous répondu... Il me semble que j'ai si peu de temps à vivre... je suis tellement souffrant, que, quoique adorant madame de Simiane, il y a peu de générosité à moi à l'associer à mon sort... » Voilà ce que vous avez dit... et c'est donc là, monsieur, la cause de votre tristesse ?

THÉMINE, à part.

Ah !... gardons-nous de la détromper ! (Haut.) Eh bien ! oui, madame ; oui, j'en conviens... des pressentiments dont je rougis moi-même...

MADAME DE SIMIANE.

Et qui n'ont pas le sens commun... Mais quand vous auriez dit vrai, où donc deviez-vous chercher des soins et des consolations, si ce n'est auprès de moi ?... Veiller sur celui qu'on aime... éloigner de lui la douleur... mais nous sommes faites pour cela, c'est notre état, notre mérite... le seul que le temps ne puisse nous enlever; et en se mariant, mon ami, l'on y compte un peu... Si vous ne nous aimiez que tant que nous sommes belles... et tant que vous êtes jeunes, notre empire serait de bien courte durée ; mais malheureusement arrivent pour vous les années et les souffrances... Vous nous aimez alors, parceque nous sommes bonnes..... vous nous aimez en proportion de vos peines... et cet amour-là n'est pas comme l'autre, il ne fait qu'augmenter...

THÉMINE.

Ah ! comment reconnaître tant d'amour et de générosité !...

MADAME DE SIMIANE.

Je n'en ai pas tant que vous croyez... car cette fois... je n'ai point pardonné, et je me suis vengée à mon tour de votre manque de confiance... J'ai tout disposé sans vous en prévenir... je vous ai écrit hier que je vous priais de vous rendre ici, dans mon château, pour une affaire importante... qui ne souffrait pas de retard...

THÉMINE.

Et laquelle ?

MADAME DE SIMIANE.

Vous ne devinez pas... votre mariage, monsieur...

THÉMINE, avec joie.

Il se pourrait !... un pareil bonheur !...

MADAME DE SIMIANE.

On ne vous demande pas votre avis... ni votre consentement.

AIR : Le Parnasse des Dames.

Au complot, à la perfidie,
En vain vous aurez beau crier !
Bon gré mal gré, l'on vous marie.
Vous êtes notre prisonnier !
Oui, dans ce château je commande ;
Et d'en sortir perdez l'espoir !
C'est votre peine...

THÉMINE.

Ah ! je demande
Qu'elle commence dès ce soir !

MADAME DE SIMIANE.

Quoi ! vraiment, cela ne vous effraie pas !

THÉMINE.

Ah ! j'oublie tout !... plus de remords !... plus de regrets ! Mais comment, sans que j'aie pu m'en douter... une pareille conspiration... a-t-elle réussi ?...

MADAME DE SIMIANE.

En ne disant rien à personne... vous comprenez... pas même à nos témoins... dont l'un est ici depuis hier soir, et les autres vont arriver ce matin, sans savoir même de quoi il s'agit...

THÉMINE.

Et ces témoins sont ?...

MADAME DE SIMIANE.

Des amis, dont la présence, je crois, vous sera agréable... et il faut que vous les trouviez bien ; car, en l'absence de votre frère, qui vient de quitter Paris, je les ai fait venir exprès.

THÉMINE.

Et qui donc ?

MADAME DE SIMIANE.

D'abord, de votre côté, votre meilleur ami... un charmant jeune homme, pour qui j'ai la plus grande estime... et que vous-même autrefois m'avez présenté... Édouard Bonneval...

THÉMINE, vivement.

Édouard !... Ah ! ce nom-là me rappelle...

MADAME DE SIMIANE.

Quoi donc ?...

THÉMINE.

Rien... excusez-moi... je voulais dire... que surpris ainsi à l'improviste...

SCÈNE II.

LES PRÉCÉDENTS, LE DOMESTIQUE.

LE DOMESTIQUE.

Deux messieurs demandent à parler à madame.

MADAME DE SIMIANE.

Qui donc ?...

LE DOMESTIQUE.

MM. Bonneval, le père et le fils.

THÉMINE.

Ah ! dans ce moment sur-tout, je ne pourrais supporter leur présence...

MADAME DE SIMIANE, au domestique.

Et vous les faites attendre !... qu'ils entrent sur-le-champ !... (A Thémine.) Qu'avez-vous donc ?

THÉMINE, embarrassé.

Deux mots à écrire... à envoyer à Paris.

MADAME DE SIMIANE, lui montrant sa chambre.

Eh bien ! là... dans mon appartement... (Thémine passe à sa gauche, et lui baise la main.) N'est-ce pas dans votre appartement ? (Thémine entre dans l'appartement à gauche.)

SCÈNE III.

BONNEVAL, ÉDOUARD, Mme DE SIMIANE.

ÉDOUARD, à la porte.

Entrez donc, mon père...

BONNEVAL.

C'est toi qui me présentes.

(Ils entrent.)

MADAME DE SIMIANE.

Je vous remercie de votre exactitude, monsieur Édouard, et plus encore de la surprise que je vous dois... Je n'aurais pas osé compter sur le plaisir de voir M. votre père... et je m'estime bien heureuse que de lui-même...

BONNEVAL.

Oui, madame... (A part.) Voilà une femme charmante !... (Haut.) J'ai voulu accompagner mon fils à Paris... d'abord pour voir Paris... et pour jouir de ses succès, à ce cher enfant !...

MADAME DE SIMIANE.

C'est si naturel... Il marche à une belle réputation, et chacun dit que sa place est marquée au premier rang.

BONNEVAL, à Édouard.

Tu l'entends !... (A madame de Simiane.) Et avec tout cela, il n'est pas heureux.

MADAME DE SIMIANE.

Est-il possible!...

ÉDOUARD.

Il ne s'agit pas de moi, mon père... mais de
madame. Et quand j'ai reçu de vous ce billet
où vous me dites seulement : « Venez, j'ai be-
« soin de vous... j'attends de vous un service... »
j'ai tout quitté, et me voilà !...

MADAME DE SIMIANE.

Je connaissais votre amitié... je n'en dou-
tais pas; et plaise au ciel que vous puissiez
quelque jour mettre la mienne à l'épreuve !

ÉDOUARD.

Que de bontés !...

BONNEVAL.

Et tu hésites encore à parler !...

ÉDOUARD , d'un air suppliant.

Mon père... au nom du ciel !...

MADAME DE SIMIANE.

Qu'y a-t-il donc ?...

BONNEVAL , passant entre Édouard et madame de
Simiane *.

Une chose d'où dépend son sort.

MADAME DE SIMIANE.

Est-il vrai ?... parlez vite !...

ÉDOUARD.

Ne le croyez pas, madame !...

BONNEVAL.

Quelque chose que j'ai appris par sa sœur...
et qu'il n'a jamais osé vous dire... et s'il faut
vous l'avouer, madame, c'est pour cela que je
suis venu avec lui... J'ai dit : Je verrai madame de Simiane... il faut qu'elle sache ce
dont il s'agit, et puisque j'ai un fils qui, quoique avocat, ne peut pas parler... je parlerai
pour lui...

ÉDOUARD.

Mon père !...

BONNEVAL.

Oui, monsieur... et si je parle mal... madame
excusera , parceque je n'ai fait ni mon droit
ni mon stage... mais il n'y a pas besoin de cela
pour expliquer nettement ses affaires, sa position... et pour aller au fait.

MADAME DE SIMIANE.

Eh ! allez-y, de grace...

BONNEVAL.

Vous avez raison... Vous saurez, madame,
que je n'ai pas de fortune... mais j'ai deux enfants qui font mon bonheur... c'est-à-dire qui
faisaient... car, depuis quelque temps , ma pauvre fille est triste et souffrante...

MADAME DE SIMIANE.

Votre fille !... cette chère Henriette !...

BONNEVAL.

Personne ne sait ce qu'elle a !...

AIR du Partage de la Richesse.

Moi, je le sais, c'est qu'elle aime son frère !
Et que son frère , et sombre et malheureux,

* Édouard , Bonneval, madame de Simiane.

Le jour entier gémit, se désespère !
Lui que j'ai vu si content, si joyeux !
Mon pauvre fils, mon espoir, mon idole ,
Lui qu'on citait déja comme avocat,
Perd l'appétit, le sommeil, la parole...
  Si ça dure... adieu son état ;
Vous le voyez, il perdra son état.

MADAME DE SIMIANE.

Et qu'a-t-il donc ?...

BONNEVAL.

Il a, madame... qu'il est amoureux...

ÉDOUARD.

Mais, mon père...

BONNEVAL, montrant Édouard.

Oui, madame... oui, mon client est amoureux... Regardez plutôt si j'ai menti !... et c'est
là-dessus qu'il voudrait avoir vos conseils...

MADAME DE SIMIANE.

Je connais donc la personne ?... Je puis lui
être utile ?... Son nom? Édouard... et si j'ai
quelque pouvoir sur elle *... Je lui dirai tout ce
que je pense de vous... je lui peindrai avec tant
de chaleur vos talents, votre bon cœur, votre
mérite, que je la forcerai bien à dire oui.

(Édouard passe auprès de madame de Simiane.)

ÉDOUARD.

Dites-le donc... car cette personne-là... c'est
vous !...

MADAME DE SIMIANE.

Moi, grand Dieu !...

ÉDOUARD.

Oui, madame, vous-même !...

MADAME DE SIMIANE.

Ah ! monsieur !... ah ! mon ami !... qu'ai-je
fait ?... et me pardonnerez-vous jamais le coup
que je vais vous porter ?... Ce billet que je vous
ai écrit... il y a quelques jours.

ÉDOUARD.

En me priant de venir ici pour vous rendre
un service...

MADAME DE SIMIANE, vivement.

Croyez bien que j'ignorais... que... (A elle-
même.) J'étais bien loin de me douter...

ÉDOUARD.

Achevez... ce service que vous attendiez de
moi... quel était-il ?...

MADAME DE SIMIANE, baissant les yeux.

D'être mon témoin... pour mon mariage...

BONNEVAL et ÉDOUARD.

O ciel !

MADAME DE SIMIANE.

Avec M. de Thémine, votre ami...

ÉDOUARD.

AIR : Un jeune Grec.

Est-il possible !

BONNEVAL.

Allons, c'est encor lui !
Le maudit homme ! il n'en manque pas une !

* Bonneval, Édouard , madame de Simiane.

ÉDOUARD.

Eh quoi! c'est vous qu'il adore aujourd'hui!

MADAME DE SIMIANE.

Vous l'ignoriez!

ÉDOUARD.

Oui, pour mon infortune!
Sans vous nommer, sans cesse il me parlait
De l'amour qu'en lui faisait naître...
Un ange! un être et divin et parfait...
Ah! c'est ma faute, et, rien qu'à ce portrait,
Mon cœur eût dû vous reconnaître,
Oui, j'aurais dû vous reconnaître!

MADAME DE SIMIANE, lui prenant la main.

Monsieur Édouard...

ÉDOUARD.

Oubliez que j'ai parlé.... oubliez-moi... épousez-le...

BONNEVAL.

Et moi, je ne le souffrirai pas... je m'oppose à ce mariage!... et ne croyez pas que ce soit par intérêt personnel!... Ce n'est plus pour mon fils... c'est pour vous-même, madame, et par l'affection que je vous porte... vous ne pouvez pas être heureuse avec un pareil homme...

MADAME DE SIMIANE.

Que dites-vous?

BONNEVAL.

Si elle savait comme moi ce qui en est?... si je lui disais...

ÉDOUARD, l'interrompant.

Mon père!... taisez-vous!... au nom de l'amitié et de l'honneur!...

BONNEVAL, de même et avec colère.

Mais c'est ton rival!...

ÉDOUARD.

Raison de plus!...

SCÈNE IV.

LES PRÉCÉDENTS, THÉMINE [*].

MADAME DE SIMIANE, qui a été au-devant de lui.

Venez, Thémine, venez m'aider à réparer nos torts envers un ami... avec qui nous sommes bien coupables!...

THÉMINE, troublé.

Que dites-vous?

MADAME DE SIMIANE.

Je l'avais choisi pour témoin de notre union; et il vient de m'apprendre...

THÉMINE.

Et quoi donc?... au nom du ciel, achevez.

MADAME DE SIMIANE.

J'étais si loin de soupçonner les sentiments que lui-même avait pour moi...

THÉMINE, respirant plus librement.

Comment! c'était cela!... il vous aimait!... (Allant à Édouard, et lui prenant la main.) Oui, tu

[*] Bonneval, Édouard, madame de Simiane, Thémine.

dois m'en vouloir... et je te l'avais bien dit : mon amitié est fatale... elle porte malheur...

ÉDOUARD, à Thémine.

J'oublierai mon chagrin pour ne songer qu'à ton bonheur... (A madame de Simiane.) Vous, madame, si vous croyez désormais me devoir quelque amitié... je vous en demanderai une preuve...

MADAME DE SIMIANE.

Et laquelle?...

ÉDOUARD.

C'est de ne rien changer à ce que vous aviez décidé pour aujourd'hui.

AIR de la Sentinelle.

Comme témoin, et sur-tout comme ami,
Auprès de vous, vous m'appeliez, madame...

BONNEVAL.

Ah! c'en est trop! tu veux encore ici...

ÉDOUARD.

Oui, c'est un droit que l'amitié réclame!
C'est un devoir que je rempli.
Jadis, et par faveur insigne,
Vous m'accordiez ce nom d'ami...
C'est moi qui le prends aujourd'hui,
Car d'aujourd'hui je m'en crois digne.

MADAME DE SIMIANE.

Quoi! tant de générosité...

ÉDOUARD.

C'est convenu!... ne parlons plus de moi... mais de vous... (Se retournant et apercevant Bonneval qui pleure.) Allons donc, mon père, aurez-vous moins de courage que moi?...

BONNEVAL.

Mon pauvre fils!...

ÉDOUARD.

Il ne faut pas songer qu'à soi dans ce monde... (Regardant madame de Simiane.) Il faut penser au bonheur des autres... cela console de tout... (A madame de Simiane.) Je suppose que vous attendez beaucoup de monde... nombreuse compagnie...

MADAME DE SIMIANE.

Non pas!... ce mariage doit se faire sans éclat... en petit comité... entre amis... vous d'abord, et puis le général Torigni...

BONNEVAL.

Le général!...

MADAME DE SIMIANE.

C'est mon parent... Je l'avais choisi pour témoin de mon côté... et sans être prévenu plus que vous de mes projets... il est arrivé ici hier soir avec sa femme...

THÉMINE, avec effroi.

Sa femme!...

ÉDOUARD.

Madame de Torigni!...

BONNEVAL.

En voici bien d'une autre!...

MADAME DE SIMIANE.

Ils ont passé la nuit au château... et je

m'étonne qu'ils ne soient pas encore descen-
dus...

THÉMINE, bas à Édouard.

C'est fait de moi!... rien n'arrêtera Hortense...

MADAME DE SIMIANE.

Ma chère tante sera sans doute encore à sa
toilette... car c'est pour elle une affaire d'état!...
que sera-ce quand elle saura qu'il s'agit d'un
mariage!... elle ne me pardonnera pas de le
lui avoir laissé ignorer...

THÉMINE.

Eh bien! de grace... ne lui en parlez pas encore... non plus qu'au général...

MADAME DE SIMIANE.

Et pourquoi donc?...

THÉMINE.

Des raisons que vous saurez... que je vous
expliquerai... Mais, au nom du ciel, ne parlez
pas de moi... du moins dans ce moment... plus
tard... je ne dis pas...

MADAME DE SIMIANE.

Il faut qu'il y ait un motif...

ÉDOUARD.

Que je devine sans peine... l'amour-propre,
le respect humain... Il s'est tant de fois moqué
du mariage devant le général... que dans ce
moment-ci, redoutant sa raillerie...

BONNEVAL, à part.

Et il va encore trouver des moyens pour son
rival...

MADAME DE SIMIANE.

Quoi! monsieur, vous seriez comme *le
Philosophe Marié*... vous rougiriez d'être heureux?...

THÉMINE, avec impatience.

Ce motif-là... ou tout autre... Ce sont eux...
je les entends.... quelques heures encore...
quelques heures de silence... si vous ne voulez pas me faire une peine réelle...

MADAME DE SIMIANE.

Ce mot suffit, mon ami, et aujourd'hui,
comme toujours, je vous obéirai...

THÉMINE, à part.

Je respire!... d'ici à ce soir je préviendrai
Hortense, et je l'amènerai à ce mariage...

SCÈNE V.

LES PRÉCÉDENTS, TORIGNI, HORTENSE.

HORTENSE, entrant en causant avec Torigni.

Oui, monsieur, j'en aurai la migraine... me
lever de si bonne heure?...

TORIGNI.

A onze heures passées....

(Pendant que madame de Simiane va au-devant de Torigni, Thémine passe auprès d'Édouard.)

MADAME DE SIMIANE, à Torigni et à Hortense.

Bonjour, mon cher oncle... bonjour, ma
jolie tante...

HORTENSE *.

C'est charmant d'être tante quand on est
plus jeune que sa nièce... Non, ne vous fâchez
pas... du même âge... je le dis par-tout, parceque cela me vaut une foule de compliments...
qui sont toujours les mêmes, et qui me font
toujours plaisir... Quoi! madame est tante...
peut-être grand'tante!.... Eh mon Dieu!....
cela ne tardera peut-être pas... (A madame de Simiane.) Cela dépend de vous... (Se retournant et
apercevant Thémine qui jusque-là s'est tenu à l'écart près
d'Édouard; elle pousse un cri **.) Ah!... (Elle se reprend,
lui fait froidement la révérence, et s'avance gaiment près
d'Édouard.) Monsieur Édouard... (Se retournant et
s'adressant à madame de Simiane.) Et vous ne me
dites pas que vous attendiez du monde....
(Saluant.) Grace au ciel les vacances sont fi-
nies, et j'espère que nous vous recevrons cet
hiver...

TORIGNI, à part.

Quel empressement... (Haut.) il me l'a bien
promis...

HORTENSE.

Le général y compte... il vous aime beaucoup... et je suis si contente de l'entourer de
ses amis...

ÉDOUARD, qui est passé auprès d'Hortense.

En voici un que je vous présente... M. Bonneval, mon père...

HORTENSE.

Que j'ai grand plaisir à revoir... Et votre
aimable Henriette... comment va-t-elle?...

BONNEVAL.

Je n'en suis pas content... elle est souffrante... elle est triste...

HORTENSE.

Vous ne l'avez pas amenée avec vous à
Paris?...

BONNEVAL.

Non... elle a voulu rester à Dijon...

THÉMINE, à part.

Ah!... je respire...

TORIGNI.

Nous irons la voir en passant... en retournant à ma terre...

HORTENSE, étourdiment.

Oui... mais après l'hiver... le plus tard possible..... je n'aime pas la campagne..... (Geste de
Torigni.) Si, monsieur... je l'aimerai si cela peut
vous faire plaisir... je l'aime déjà... aujourd'hui
sur-tout... et quoique je ne sache pas encore
pourquoi madame de Simiane nous a convo-
qués si solennellement...

TORIGNI.

Elle va nous l'apprendre... je l'espère...

MADAME DE SIMIANE.

Pas tout-à-fait encore... je puis cependant

vous dire la moitié de mon secret... et vous avouer que je vais me marier... aujourd'hui même.

HORTENSE.

Est-il possible !...

TORIGNI.

Elle a raison...

HORTENSE.

Et moi, je ne lui conseille pas... Qu'est-ce qu'elle peut desirer?... elle est veuve...

TORIGNI.

Eh bien ! par exemple !...

HORTENSE.

Je voulais dire... elle est libre... elle est riche... et si elle me demandait mon avis...

MADAME DE SIMIANE.

C'est pour cela que j'ai convoqué ma famille...

HORTENSE, regardant Thémine et Édouard.

Mais ces messieurs ne sont pas de votre famille... Comment alors se fait-il?...

TORIGNI.

Je devine... l'un d'eux est le prétendu...

HORTENSE, vivement.

S'il était vrai !... (Courant à madame de Simiane.) Lequel, Amélie, lequel... de ces messieurs?...

MADAME DE SIMIANE, souriant.

Eh mais! vous êtes bien curieuse... et sans manquer, ma chère tante, au respect que je vous dois... je ne vous dirai que tantôt... avant dîner, lequel de ces messieurs sera mon mari.

BONNEVAL, souriant.

D'abord, et malheureusement ce n'est pas moi...

MADAME DE SIMIANE, d'un air aimable.

Qu'en savez-vous?..... Je n'excepte personne...

HORTENSE, à part.

Je comprends... et la présence du père en ces lieux... me dit assez... (Vivement à madame de Simiane.) Vous avez raison... je vous approuve... vous ne pouviez faire un meilleur choix... Si bon, si aimable !... A votre place, j'aurais fait comme vous... car j'ai toujours eu un faible pour lui...

TORIGNI.

Et pour qui donc?

HORTENSE, revenant auprès d'Édouard.

Pour M. Édouard... je le dis devant lui... quoi qu'il arrive, mon amitié lui est acquise, et je n'oublierai jamais...

TORIGNI, vivement.

Quoi donc?...

HORTENSE.

Que, puisqu'il y a une noce... il doit y avoir un bal... et nous danserons ensemble ce soir... (A Torigni.) Oui, monsieur, vous avez beau faire la moue... nous danserons; vous nous regarderez... cela vous amusera... On croit mon mari jaloux, ce n'est pas vrai... On lui a fait

une réputation qu'il ne mérite pas... J'ouvrirai le bal avec M. Édouard...

TORIGNI.

Y pensez-vous?...

HORTENSE.

C'est de droit !... la contre-danse des grands parents... Monsieur de Thémine, vous viendrez m'inviter pour le premier galop... Peut-être que je vous refuserai... C'est égal... venez toujours... Et puis j'ai à causer avec vous, une querelle à vous faire...

TORIGNI.

Et sur quoi?...

HORTENSE, froidement.

C'est mon secret... Si nous profitions de la matinée pour faire un tour de parc?...

THÉMINE, bas à Édouard.

Débarrasse-moi d'elle, je t'en prie...

TORIGNI, regardant Édouard qui cause avec Thémine.

Encore ce jeune homme... et Thémine saurait-il?... serait-il son confident?... J'observerai...

AIR : Et vous, ma belle fille (du SERMENT).

Suivons cette jeunesse ;

(A Bonneval.)

Nous représentons la Sagesse...
Prenez mon bras !

BONNEVAL.

Ah ! de grand cœur !

(A part, montrant Thémine.)

Le général et lui me font trembler de peur !

ENSEMBLE.

TOUS, MADAME DE SIMIANE *.

TOUS.

Allons, la matinée est belle ;
Par ce soleil pur et brillant,
Parcourons ce séjour charmant !

MADAME DE SIMIANE.

A mes serments je suis fidèle ;

(Regardant Thémine.)

Et j'espère qu'en ce moment
De moi l'on doit être content !

ÉDOUARD, offrant son bras à Hortense.

Madame me permettra-t-elle...
J'ose ici réclamer ce droit...

HORTENSE, acceptant avec peine.

Mais oui, monsieur !...

(Regardant Thémine, à part et avec dépit.)

Le maladroit !

ENSEMBLE.

TORIGNI, THÉMINE, BONNEVAL, HORTENSE et ÉDOUARD.

TORIGNI.

Ayons toujours les yeux sur elle ;
Époux attentif et prudent,
Ne les quittons pas d'un instant !

THÉMINE, regardant Édouard.

De l'amitié parfait modèle,
En s'emparant d'elle, il me rend
Un grand service en ce moment !

* Édouard, Thémine, Hortense, Bonneval, Torigni, madame de Simiane.

BONNEVAL.

J'éprouve une frayeur mortelle !
D'effroi rien qu'en les regardant,
Moi je me sens toujours tremblant !

HORTENSE et ÉDOUARD.

Allons ! la matinée est belle ;
Par ce soleil pur et brillant,
Parcourons ce séjour charmant.

MADAME DE SIMIANE.

A mes serments je suis fidèle ! etc.

(Ils sortent tous, excepté Thémine et madame de Simiane.)

SCÈNE VI.

Mᵐᵉ DE SIMIANE, THÉMINE.

MADAME DE SIMIANE, souriant.

Eh bien ! mon seigneur et maître, êtes-vous
content ? ai-je obéi ?... ai-je bien exécuté vos
ordres ?...

THÉMINE.

Ah ! c'est trop de bonté et de générosité !...

MADAME DE SIMIANE.

Et maintenant puis-je savoir ?...

THÉMINE, à part.

Oh ! non !... j'ai trop besoin de son estime...
(Haut.) Écoutez, Amélie, il est un secret qui me
pèse... qui me rend malheureux... Vous le
saurez un jour... bientôt... Mais dans ce moment... pour vous et pour moi... ne me le de-
mandez pas...

MADAME DE SIMIANE, avec effroi.

O ciel !... (Avec sang-froid.) Ce secret intéresse-
t-il votre amour pour moi... Vous empêche-t-il
de m'aimer ?...

THÉMINE.

Non... je vous aime plus que jamais !... je
n'aime que vous... vous seule au monde...

MADAME DE SIMIANE, avec calme.

Ce mot me suffit... Je ne vous demande
rien... Il n'y a pas d'amour sans confiance... et
j'ai confiance en vous... Vous ne l'avez pas
trahie... vous ne la trahirez jamais... Je vous
crois... je suis tranquille... Décidez pour aujourd'hui ce qu'il faudra faire... (Elle passe à la
gauche de Thémine.) Je suis là... à deux pas... dans
mon appartement... J'attends vos ordres... et
vous ai déja prouvé que j'étais heureuse de les
suivre...

(Elle sort et entre dans l'appartement à gauche.)

SCÈNE VII.

THÉMINE, puis HORTENSE.

THÉMINE.

Ah !... si cette femme-là ne mérite pas les
adorations du monde entier !... Oui, je dois à
jamais lui laisser ignorer mes torts... Cette dé-
couverte-là lui porterait le coup de la mort...
Ciel ! Hortense !...

HORTENSE, entrant vivement par la porte à droite,
et avec un calme affecté.

Je viens de l'apprendre... je ne puis le croire
encore... j'ai besoin de l'entendre de votre
bouche...

THÉMINE.

Qu'avez-vous, madame ?...

HORTENSE.

Votre ami... M. Édouard... m'a avoué tout-
à-l'heure que ce n'était point lui qui épousait
madame de Simiane... J'ai quitté son bras... je
me suis élancée... j'ai couru !... Et qui donc
alors ?... qui donc, si ce n'est vous ?...

THÉMINE, avec inquiétude, et regardant la porte
à gauche.

Silence... au nom du ciel !...

HORTENSE.

C'est vous, je le vois !... et vous croyez que
je supporterai une pareille trahison !...

THÉMINE.

Plus bas... je vous en supplie !... Hortense !...
taisez-vous...

HORTENSE, à voix haute, et passant à droite du théâtre *.

Non... je ne me tairai pas !... Je le dirai à
vous... à tout le monde... Je proclamerai tout
haut... et vos torts et les miens... Et l'on ju-
gera qui de nous fut le plus coupable !... Un
homme s'est présenté... et des parents, sans
voir ses années et ses rides, m'ont dit : « Il est
riche... épouse-le... nous le voulons... » Jeune,
sans expérience... j'ai obéi... Savais-je alors ce
que j'étais... ce que j'éprouvais... Je m'ignorais
moi-même...

THÉMINE.

Hortense !...

HORTENSE.

Ah ! parceque j'étais étourdie, légère...
vous avez cru que je ne voyais rien... pas
même l'abîme ouvert sous mes pas... Détrompez-vous... je savais que j'exposais mon avenir,
ma réputation, ma vie peut-être... mais c'était
pour vous !... et ce mot seul faisait oublier le
danger... il faisait tout oublier !...

THÉMINE.

Malheureux que je suis !...

HORTENSE.

Il est ému !... il pleure... Ah ! je savais bien
que ma voix arriverait à son cœur !... qu'il ne
voudrait pas me faire un si grand chagrin, à
moi qui ne lui en ai jamais fait... Ces homma-
ges, ces vœux dont j'étais fière... les voulez-
vous ?... je vous les sacrifie... Quand on me
disait : « Qu'elle est belle... » ce n'était pas
pour moi que j'en étais heureuse... Et pour
prix de tant d'amour... vous en épouseriez
une autre... Oh ! non, vous auriez des regrets...
des remords... Vous seriez malheureux avec
elle... n'est-ce pas ?...

THÉMINE.

Moi ?...

* Hortense. Thémine.

HORTENSE , *passant à gauche.*

Oui, et pour n'y plus songer... pour l'oublier.. viens, partons...

THÉMINE.

Y pensez-vous ?. .

HORTENSE.

Oui, sans doute... ce rang... ces richesses qu'on m'a imposées... je les abandonne, j'y renonce...

THÉMINE.

Quelle imprudence !... quelle déraison !... et le général ?...

HORTENSE.

Eh bien !... s'il nous surprend... il nous tuera !... Craindrais-tu la mort !... Moi, je ne crains rien... que de te perdre !...

SCÈNE VIII.

BONNEVAL, THÉMINE, HORTENSE.

BONNEVAL , *entrant par la droite, d'un air effaré.*

Ciel !... tous les deux ensemble... j'en étais sûr...

THÉMINE.

Qu'avez-vous donc ?...

BONNEVAL.

Vous êtes perdus !... le général vous cherche... il a des soupçons...

THÉMINE.

Et sur quoi ?...

BONNEVAL.

Je ne sais... mais il est furieux... et s'il vous trouve ainsi...

THÉMINE.

En effet, dans le trouble où il est... Fuyez, qu'il ne vous voie point...

(*Il la pousse vers la porte à droite.*)

BONNEVAL , *l'arrêtant.*

Eh non !... le général me suivait... je l'ai laissé au bas de l'escalier.

HORTENSE , *montrant la porte à gauche où est madame de Simiane.*

Alors, de ce côté...

THÉMINE , *effrayé.*

Eh non !... encore moins...

BONNEVAL, *qui pendant ce temps a couru à la porte à droite, et qui la ferme au verrou.*

C'est lui !... je l'entends !...

TORIGNI , *en dehors, secouant la porte.*

Ouvrez !... ouvrez !...

THÉMINE , *à Bonneval.*

Qu'avez-vous fait ?...

BONNEVAL.

J'ai mis le verrou.

THÉMINE.

Quelle imprudence !... c'est justifier ses soupçons...

BONNEVAL.

Que voulez-vous ?... moi, je perds la tête... Quand on n'a pas comme vous la grande habitude...

TORIGNI.

Ouvrez !... ouvrez !...

THÉMINE , *avec impatience.*

Mais ouvrez donc !...

BONNEVAL.

Puisqu'ils le veulent tous...

HORTENSE.

Retenez-le... un instant seulement...

(*Elle s'élance dans la chambre à gauche.*)

THÉMINE , *voulant la retenir.*

Que faites-vous ! ô ciel !...

(*La porte à gauche se referme au moment où le général entre par la porte à droite que Bonneval vient d'ouvrir.*)

SCÈNE IX.

BONNEVAL, TORIGNI, THÉMINE.

TORIGNI , *avec trouble, après un moment de silence.*

Pourquoi donc ce salon est-il fermé ?...

BONNEVAL.

C'est moi qui machinalement et sans le vouloir...

TORIGNI , *avec trouble, et regardant autour de lui.*

Vous, Bonneval... Je croyais trouver ici, non pas vous... mais votre fils... et en montant... je l'ai aperçu... lisant dans la bibliothèque... ce qui m'a arrêté... Ce n'est donc pas lui...

BONNEVAL , *vivement.*

Oh non !... à coup sûr vous auriez bien tort de le soupçonner...

TORIGNI.

Et de quoi ?...

BONNEVAL , *embarrassé.*

Je ne sais... je voulais dire... d'avoir des idées...

TORIGNI.

Et lesquelles ?... Vous en avez donc vousmême... j'ai donc raison d'en avoir ?...

BONNEVAL , *à part.*

Oh ! que je voudrais être loin d'ici !...

TORIGNI , *lui prenant la main.*

Restez !... Eh mais ! vous tremblez !... et le trouble où vous êtes, parceque je vous rencontre en ce salon avec M. de Thémine... cela n'est pas naturel... Vous n'y étiez pas seul ?...

BONNEVAL , *tremblant.*

Je l'ignore...

TORIGNI , *lui secouant la main avec force.*

Vous l'ignorez ?...

BONNEVAL , *de même.*

Oui, général... j'arrive à l'instant... je venais d'entrer...

TORIGNI.

Mais quand vous êtes entré... monsieur n'était pas seul ?

BONNEVAL , *de même.*

C'est possible.... je ne dis pas...

TORIGNI.

Et avec qui était-il ?...

BONNEVAL, de même.

Je n'en sais rien.... je n'ai pas vu...

TORIGNI.

On s'est donc enfui à votre arrivée?...

BONNEVAL.

Comme vous voudrez...

TORIGNI.

Comme je voudrai!...

BONNEVAL.

Je veux dire que j'ignore... puisque je ne l'ai
pas vu, comment est sorti... le... monsieur qui
était ici... car c'était un homme...

TORIGNI.

Et comment le savez-vous si vous ne l'avez
pas vu?

BONNEVAL.

Je dis... je suppose...

TORIGNI, avec colère.

Un homme... dites-vous?... un homme!... et
c'est lui sans doute qui aura oublié ce que je
vois là !... (montrant un gant de femme qu'Hortense
a laissé sur un fauteuil, à gauche, et dont il s'empare.)

THÉMINE, allant à lui.

Monsieur... je ne souffrirai pas...

TORIGNI.

Ah!..... vous l'avouez donc enfin..... une
femme était ici, avec vous... quand il vous a
surpris?... et par où a-t-elle pu s'échapper?...
par cette seule issue!... (montrant la porte à gauche) et je saurai...

THÉMINE, se mettant devant la porte.

Non, monsieur, vous n'entrerez pas...

BONNEVAL.

Je sens que je me trouve mal...

TORIGNI, hors de lui.

Songez, monsieur... songez que c'est m'a-
vouer...

THÉMINE.

Tout ce que vous voudrez... mais vous n'entrerez pas...

ENSEMBLE.

AIR de Robert-le-Diable.

TORIGNI, THÉMINE, BONNEVAL.

TORIGNI.

C'en est trop! mon honneur
Punira qui m'offense!
Je sens battre mon cœur
De rage et de fureur!
Si mon bras sans défense
Diffère son trépas,
A ma juste vengeance
Il n'échappera pas!

THÉMINE.

Oui, je dois sur l'honneur
Prendre ici sa défense!
Ses soupçons, sa fureur,
Ne font rien sur mon cœur!
Oui, si je vous offense,
Parlez!... de votre bras
Je crains peu la vengeance,
Mais vous n'entrerez pas !

BONNEVAL.

Je frémis de terreur!
Malgré mon innocence;
Oui, je meurs de frayeur,
En voyant sa fureur!
De celui qui l'offense
Il lui faut le trépas!
Pourvu qu'à sa vengeance
Il ne me mêle pas!

SCÈNE X.

LES PRÉCÉDENTS, Mme DE SIMIANE, parais-
sant à la porte à gauche qu'elle vient d'ouvrir.

MADAME DE SIMIANE, avec calme *.

Et pourquoi donc, Thémine, ne pas laisser entrer mon oncle?...

TORIGNI et THÉMINE, à part, avec étonnement.

Madame de Simiane!...

BONNEVAL.

Encore une autre!... il en a toujours une
douzaine... et il les change à volonté...

MADAME DE SIMIANE, à Thémine.

On peut se fier au général... (A Torigni.)
Oui, mon cher oncle, vous apprenez là un
secret que nous voulions vous cacher encore
quelque temps... C'est monsieur qui devait
être mon mari...

TORIGNI.

Lui!... Thémine?...

MADAME DE SIMIANE.

Ce titre peut, je pense, autoriser à vos
yeux... le tête-à-tête où nous étions tout-à-
l'heure, ici, dans ce salon... et lorsque monsieur
(montrant Bonneval) nous a brusquement surpris... je n'ai eu que le temps, en l'entendant
monter, de me réfugier dans mon appartement... C'est très mal, monsieur Bonneval...
très indiscret...

BONNEVAL, s'inclinant.

Mille pardons, madame!... (A part.) Allons!
me voilà forcément le complice de tout le
monde...

TORIGNI, regardant toujours de côté à gauche.

Eh bien!... je vous avoue que j'avais la tête
tellement troublée, qu'il ne fallait pas moins
que ce que vous me dites là, et la certitude
de votre mariage...

MADAME DE SIMIANE, qui a une main gantée et l'autre
nue.

Si vous vouliez me rendre mon gant?...

TORIGNI.

Étourdi que j'étais...

MADAME DE SIMIANE, voyant qu'il regarde toujours du
côté de sa chambre.

Et puis... si vous vouliez... mon cher oncle...
lire notre contrat de mariage, qui est tout préparé, et que je veux vous soumettre... vous le
trouverez sur mon secrétaire... là dans ma
chambre...

—————
* Bonneval, Torigni, madame de Simiane, Thémine.

TORIGNI, avec joie.

Volontiers...

(Il entre dans l'appartement à gauche.)

THÉMINE et BONNEVAL *.

O ciel!...

MADAME DE SIMIANE.

Ne craignez rien!... je l'ai fait redescendre chez elle par l'escalier dérobé de mon cabinet de toilette...

THÉMINE, avec confusion.

Ah! madame! quelle générosité!...

MADAME DE SIMIANE.

Elle m'a tout avoué...

THÉMINE.

O ciel!...

MADAME DE SIMIANE.

Ce qui, du reste, était inutile... car j'avais tout entendu...

THÉMINE, à part, regardant madame de Simiane.

C'est fait de moi!... plus d'espoir...

MADAME DE SIMIANE.

Ne craignez plus rien de sa part... éclairée par ses dangers et par mes conseils peut-être... elle renonce à vous.

TORIGNI, rentrant, le contrat à la main.

C'est, ma foi! vrai... un contrat bien en règle...

*(Il continue à le lire **.)*

(En ce moment entre par la porte à droite un domestique.)

LE DOMESTIQUE.

Une lettre pour M. de Thémine...

MADAME DE SIMIANE, montrant Thémine.

Le voilà...

THÉMINE, prenant la lettre.

Une lettre de Paris?...

LE DOMESTIQUE, à demi-voix.

Non, monsieur... c'est une jeune dame qui m'a dit de vous remettre à vous-même.

THÉMINE.

Tais-toi! c'est bien.... (A part.) Qu'est-ce que cela signifie?

BONNEVAL, à part.

C'est d'encore une! j'en suis sur!... et le feu du ciel ne tombera pas sur lui!...

TORIGNI, qui a lu.

Tous ces articles-là me paraissent fort bien, fort convenables... et la famille n'a rien à y redire... il n'y a plus qu'à signer.

MADAME DE SIMIANE, froidement.

Dès l'arrivée du notaire...

THÉMINE, à demi-voix.

Quoi! vous daigneriez!...

MADAME DE SIMIANE, de même, à Bonneval.

Veuillez faire avertir M. Édouard... votre fils...

BONNEVAL.

Oui, madame... (A part.) Mon pauvre fils...

TORIGNI.

Moi, je vais chercher ma femme... et dans

* Bonneval, madame de Simiane, Thémine.
** Bonneval, Thémine, madame de Simiane, Torigni.

un instant, ici... nous signerons tous... Et moi, qui avais pu croire... Gardez-moi le secret, je vous en prie... Toujours ces maudites idées... (A Bonneval.) Aussi, c'est votre faute, Bonneval...

BONNEVAL.

Comment! ma faute?

TORIGNI.

Certainement.

(Il sort avec Bonneval, en parlant toujours avec lui.)

SCÈNE XI.

THÉMINE, Mme DE SIMIANE.

THÉMINE.

Ah! madame, la honte m'empêche de lever les yeux sur vous... je ne puis... je n'ose même vous exprimer ma reconnaissance...

MADAME DE SIMIANE.

Vous ne m'en devez aucune... Si j'avais écouté mon juste ressentiment... je vous aurais fui sans retour... car vous m'avez trompée, et il n'y a plus de confiance, plus d'avenir pour nous... mais la rupture de ce mariage eût réveillé la jalousie du général.

AIR d'Aristippe.

Aux noirs soupçons dont son esprit s'enflamme
  C'était donner un libre cours;
  C'était compromettre sa femme,
  Et peut-être exposer vos jours.
  Oui, c'était exposer vos jours.
Il fallait donc, je le sens en mon ame,
Il fallait faire, en cette extrémité,
Votre malheur ou le mien...

THÉMINE, avec reproche.

Ah! madame!

MADAME DE SIMIANE, lui tendant la main.

Vous le voyez, je n'ai point hésité!

THÉMINE.

Vous, Amélie!... vous malheureuse...

MADAME DE SIMIANE.

Oui, je dois l'être... je le sens, je le vois... ma raison me dit qu'avec un pareil caractère, il n'y a pas, en ménage, de bonheur possible...

THÉMINE.

Et pourtant je vous aime... je n'aime que vous au monde... vous, qui avez éloigné de moi tous les dangers... dissipé tous les nuages... Ah! que vous seriez vengée, si vous saviez ce que j'ai souffert... si vous connaissiez quels tourments l'on éprouve à mentir... à tromper ce qu'on aime... à se sentir indigne de sa tendresse, et à rougir chaque jour à ses yeux!...

MADAME DE SIMIANE.

Et malgré tout cela, vous me trompiez...

THÉMINE.

Dans la crainte de perdre cette tendresse qui faisait tout mon bien... et mon amour seul m'empêchait de vous avouer à quel point j'étais coupable...

MADAME DE SIMIANE.

C'était donc là ce secret que vous me ca-
chiez, et qui faisait couler vos larmes... et moi
qui vous plaignais... qui vous consolais... (S'interrompant.) J'ai pardonné... je ne ferai plus de
reproche... Voyez cette lettre, dont on attend
peut-être la réponse...

THÉMINE.

Qu'importe!... je n'en connais seulement pas
l'écriture...

MADAME DE SIMIANE.

Lisez... monsieur... lisez...

THÉMINE, la décachetant avec empressement.

Vous le voulez... hâtons-nous... (A part.) Je
suis si heureux de respirer... d'être libre... libre
de n'aimer qu'elle... voilà le premier moment de
calme et de bonheur que j'aie éprouvé depuis
long-temps... (Jetant les yeux sur la lettre.) Ah
mon Dieu ! tout mon sang s'est glacé...

MADAME DE SIMIANE.

Qu'avez-vous?...

THÉMINE.

Rien...

MADAME DE SIMIANE.

Si vraiment... vous tremblez... vous vous sou-
tenez à peine...

THÉMINE, hors de lui, et cherchant à se remettre.

Une nouvelle... un événement inattendu...
(A part.) Ah! c'est l'enfer lui-même qui me
poursuit et me punit !

(Il passe à gauche du théâtre *.)

MADAME DE SIMIANE.

Qu'est-ce donc?... confiez-le-moi...

THÉMINE.

Jamais... jamais... plutôt mourir...

MADAME DE SIMIANE.

Et qui donc partagera vos chagrins?... vos
souffrances... si ce n'est moi, monsieur... moi,
votre amie...

AIR : Fils imprudent, époux rebelle.

Je sais mes droits... je les réclame !

THÉMINE, à part.

Ah! je succombe au regret, au remord!

MADAME DE SIMIANE.

Eh! ne suis-je pas votre femme?
Oui, je le suis... je l'ai dit : c'est mon sort!
A vous choisir si j'hésitais encor,
Je le ferais en un moment semblable!
Que tout s'oublie et s'efface à mes yeux,
J'excuse tout... vous êtes malheureux,
Pour moi, c'est n'être plus coupable !

THÉMINE.

Amélie!...

MADAME DE SIMIANE.

Oui, je vous aime plus que jamais... vous
êtes mon amant, mon mari... mais je veux vos
chagrins... je les veux... ils m'appartiennent,
vous ne pouvez me refuser...

* Madame de Simiane, Thémine.

THÉMINE.

Et c'est dans un pareil moment qu'il faudrait la perdre !...

MADAME DE SIMIANE.

Eh bien! parlez donc!...

THÉMINE.

Ce secret n'est pas le mien... c'est celui d'un
ami...

MADAME DE SIMIANE.

Votre frère !...

THÉMINE.

Je ne peux ni l'excuser, ni le justifier...
mais dans sa douleur... dans son désespoir, il
s'adresse à moi... il me demande conseil...

MADAME DE SIMIANE, avec fermeté.

Eh bien !... il faut le lui donner ..

THÉMINE.

Et comment?...

MADAME DE SIMIANE, avec noblesse.

En honnête homme... en lui conseillant ce
que vous feriez vous-même...

THÉMINE.

Mais vous ne savez pas... que méconnais-
sant les droits de l'amitié et de l'hospitalité...
une erreur fatale... dont ses sens, sa raison,
ont été la victime...

MADAME DE SIMIANE.

Eh bien !...

THÉMINE.

Eh bien !... c'est la sœur de son ami... celle
même qu'il a outragée... qui implore sa pitié...

MADAME DE SIMIANE, avec indignation.

Sa pitié, dites-vous? Il lui doit justice...
réparation... il lui doit sa fortune et sa main...

THÉMINE.

Et si cela est impossible... s'il ne l'aime
pas... s'il en aime... s'il en adore une autre...

MADAME DE SIMIANE.

Qu'importe?... pense-t-il qu'un tel crime ne
lui coûtera rien à expier... qu'il soit malheureux s'il l'a mérité... mais qu'il ne soit point
déshonoré... et il le serait !...

AIR : Aux temps heureux de la chevalerie.

Oui, maintenant chez nous où tout s'estime,
Tout s'apprécie à sa juste valeur,
L'opinion qui flétrit la victime,
N'épargne pas non plus le séducteur !
Et celui-là qui, dans son cœur, hésite
A réparer les torts qu'il a commis,
Aux yeux du monde, à mes yeux, ne mérite
Qu'un sentiment, c'est celui du mépris.
Aux yeux du monde, aux miens, il ne mérite
Qu'un sentiment... c'est celui du mépris.

THÉMINE.

Le mépris !... tenez... tenez... c'est vous qui
avez porté son arrêt... lisez!...

MADAME DE SIMIANE, lisant avec émotion.

« La malheureuse sœur de votre ami est
« perdue, déshonorée, et pourtant vous sa-
« vez si elle est coupable... Elle n'a rien exigé
« de vous... vous ne lui avez rien promis; et

« pourtant, si vous l'abandonnez, n'aurez-
« vous rien à vous reprocher?... J'ai profité de
« l'absence de mon père... je suis partic...
« je suis à la porte de ce parc, desirant votre
« réponse. Si elle n'adoucit point ma situation,
« je n'attendrai pas que ma honte paraisse à
« tous les yeux... Le seul moyen qui peut
« m'en faire éviter l'éclat s'est déja présenté
« à mon esprit : j'ensevelirai avec moi ce fu-
« neste secret, et personne ne vous reprochera
« jamais le malheur ni la mort de la pauvre
« Henriette. »

Henriette!... malheureuse enfant !...

THÉMINE, qui pendant la lecture de la lettre est resté
auprès de la porte à droite, venant auprès de madame
de Simiane.

Silence!... c'est son père... c'est Édouard.

MADAME DE SIMIANE.

O ciel !... et cet ami... ce perfide... (Elle re-
tourne vivement la lettre et lit l'adresse.) Gustave
Thémine !... (Elle pousse un cri.) Ah!...

(Elle s'élance par la porte à gauche et disparaît.)

SCÈNE XII.

THÉMINE, BONNEVAL, ÉDOUARD.

THÉMINE, qui est tombé dans un fauteuil à gauche.

Elle sait tout... et je la perds sans retour...
Mais elle m'a tracé mon devoir, et je me ren-
drai du moins digne de son estime...   .

ÉDOUARD, s'approchant de lui, et avec émotion *.

Allons, mon ami,.. le notaire vient d'arriver... et nous voici, mon père et moi... tu
sais que nous sommes tes deux témoins...

BONNEVAL, à part, regardant son fils.

Pauvre garçon !... quel dévouement ...

ÉDOUARD.

Nous venons te prendre...

THÉMINE, se levant.

C'est inutile... mon mariage n'a plus lieu.

BONNEVAL.

Que dites-vous?...

ÉDOUARD.

Ce n'est pas possible...

THÉMINE.

Une telle union aurait fait le malheur de
madame de Simiane, et le mien sans doute...
car depuis long-temps j'avais conçu des idées...
que d'aujourd'hui seulement je puis réaliser...
(S'adressant à Bonneval **.) Monsieur Bonneval...
j'ai de la naissance... un nom... de la fortune...
vous me connaissez... voulez-vous me donner
en mariage mademoiselle Henriette, votre
fille ?....

BONNEVAL.

Hein!... qu'est-ce qu'il dit là ?...

ÉDOUARD.

Y penses-tu?... es-tu dans ton bon sens?...

* Bonneval, Édouard, Thémine.
** Édouard, Bonneval, Thémine.

THÉMINE.

Oui, mon ami... veux-tu me donner ta
sœur?...

ÉDOUARD.

Que tu as vue à peine quatre ou cinq fois
dans ta vie...

THÉMINE.

Cela m'a suffi pour l'aimer... je l'aime...
c'est elle que j'aime...

BONNEVAL.

Laissez-moi donc...

THÉMINE.

Faut-il vous le jurer?...

BONNEVAL.

Belle caution !...

THÉMINE.

Je n'ajouterai qu'un mot; je crois que mademoiselle Henriette ne refusera pas mes vœux...
et qu'elle daignera les accueillir...

ÉDOUARD, vivement.

Si ce n'est que cela, mon père, je le crois
aussi...

THÉMINE.

Et je vous promets en revanche de me con-
duire en honnête homme... en bon mari... Oui,
monsieur, le plus constant, le plus fidèle des
maris... et vous n'en douteriez pas si vous saviez seulement ce que j'ai souffert aujourd'hui
et d'angoisses et de tourments !... Et vous
pensiez que j'étais heureux?... Voilà la vie
d'un homme à bonnes fortunes, monsieur, la
voilà... faisant à-la-fois son malheur, et celui
de tous ceux qui l'entourent... aussi, je n'en
veux plus... j'y renonce...

ÉDOUARD.

Oui, mon père; confident et témoin de ses
chagrins, je vous jure qu'il dit vrai... et vous
nous rendrez tous heureux... Songez donc...
un beau mariage pour ma sœur... Oui, vous
consentirez...

BONNEVAL.

Non, cent fois non... Quels que soient ses
titres et sa fortune, je ne donnerai pas ma
fille, ma pauvre Henriette, à un homme dont
les procédés...

ÉDOUARD.

Lesquels?...

BONNEVAL.

Ses procédés avec madame de Simiane, à
laquelle il renonce... Certainement ce n'est
pas convenable... et je le déclare... il n'aura
mon consentement qu'après le sien.

SCÈNE XIII.

LES PRÉCÉDENTS, Mme DE SIMIANE *.

MADAME DE SIMIANE.

Je vous l'apporte, monsieur...

THÉMINE.

O ciel !

* Édouard, Bonneval, madame de Simiane, Thémine.

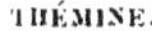

MADAME DE SIMIANE, avec émotion.

Confidente des secrets d'Henriette, je savais depuis long-temps qu'elle aimait quelqu'un... Je sais maintenant que c'est M. de Thémine...

BONNEVAL.

Est-il possible!...

MADAME DE SIMIANE.

Qui, dès aujourd'hui, sera digne d'un amour qu'il partage... Il sentira qu'une femme douce, bonne, vertueuse, mérite l'entière affection d'un honnête homme... il trouvera dans sa propre estime... (avec intention, lui tendant la main sans qu'on le voie), dans celle de ses amis, qui lui pardonnent, (vivement) un bonheur que n'ont pu lui donner jusqu'ici les plaisirs et l'inconstance...

THÉMINE.

Ah! madame!...

(En ce moment entre madame de Torigni, par la porte à droite; en apercevant Thémine et madame de Simiane, elle va pour s'éloigner.)

MADAME DE SIMIANE, courant à elle.

Restez!...

THÉMINE.

Comment reconnaître tant de générosité?...

MADAME DE SIMIANE.

Ce n'est pas moi qu'il faut remercier; mais celle qui, dans ce moment et dans sa reconnaissance, vous bénit et prie pour vous...

THÉMINE.

Henriette!... où est-elle?...

MADAME DE SIMIANE, montrant la porte à gauche.

Là, chez moi...

THÉMINE, veut s'élancer.

Ah!...

BONNEVAL, le retenant.

Ma fille!...

HORTENSE.

Que fait-il?...

MADAME DE SIMIANE.

Son devoir.... et nous, Hortense, le nôtre... en l'oubliant...

(Hortense se jette dans les bras de madame de Simiane; Édouard lève au ciel des yeux pleins de joie et d'espérance; Thémine s'élance dans l'appartement de madame de Simiane *.)

* Hortense, madame de Simiane, Édouard, Bonneval, Thémine.

FIN DES MALHEURS D'UN AMANT HEUREUX.

PARIS. — IMPRIMERIE NORMALE DE JULES DIDOT L'AÎNÉ, nº 4, boulevart d'Enfer.